충분했던, 그 순간 _____

충분했던, 그 순간

초판 1쇄 발행 2022년 9월 24일

지은이 Jeiya
펴낸이 장현수
펴낸곳 메이킹북스
출판등록 제 2019-000010호

디자인 박단비
편집 박단비
교정 강인영
마케팅 장윤정

주소 서울특별시 구로구 경인로 661, 핀포인트타워 912-914호
전화 02-2135-5086
팩스 02-2135-5087
이메일 making_books@naver.com
홈페이지 www.makingbooks.co.kr

ISBN 979-11-6791-245-9(03810)
값 14,000원

ⓒ Jeiya 2022 Printed in Korea

잘못된 책은 구입하신 곳에서 바꾸어 드립니다.
이 책의 전부 또는 일부 내용을 재사용하려면 사전에 저작권자와 펴낸곳의 동의를 받아야 합니다.

메이킹북스는 저자님의 소중한 투고 원고를 기다립니다.
출간에 대한 관심이 있으신 분은 making_books@naver.com으로 보내 주세요.

충분했던, 그 순간_____

Jeiya

메이킹북스

작가의 말

좋아하면, 안 하던 짓도 하게 되고 없던 재주도 생겨나고 호기심이 넘쳐납니다. 평범하게 살고 싶다고는 했지만 남과 비슷한 걸 생각하고 행동하는 것에 그리 동의하지 않습니다. 다르게 살고자 할 뿐이지 능력자라 모두 다 해낼 수 있는 건 아닙니다. 많지 않은 경험 중에서도 그나마 이렇게 글을 쓰는 것과 취미로 가야금 타는 것을 좋아하게 되었습니다. 잘하는 건 아닙니다. 다만 남들보다는 다르게 생각하고 다른 것을 한다는 자기 위안이 큽니다.

어느 날 회의가 너무 길고 지루해서 좋아하는 것을 떠올렸습니다. 슥삭슥삭. 제게 이런 재주가 있었던가 싶을 정도로 금방 가야금 한 대 그려냈습니다. 또 다른 재능을 발견했단 생각에 다른 악기도 그려 볼까 해서 해금을 그려 봤는데, 옆에 동료가 숟가락을 그린 줄 알았답니다. 이리도 극명한 차이가 있다니 그것도 놀라웠습니다. 좋아한다는 건, 이처럼 가슴에 새겨 언제든 볼 수 있고 그려낼 수 있는 것입니다. 그래서 뭔가 좋아하게 되면 외롭지 않나 봅니다.

글을 쓰고 첫 책을 출간해 작가라는 타이틀이 생겼습니다. 프로젝트에 참여해서 낸 책도 있지만, 공저라 온전한 저의 것이라고 하기에는 민망합니다. 다만, 많은 작가 분들의 글 옆에 제 글을 둘 수 있었던 것은 큰 행복이라 생각합니다.

작가라는 타이틀이 생긴 뒤 평소 방구석에서 혼자 만족해하며 쓰는 글과는 좀 다르게 써야 한다는 부담감만 잔뜩 가졌다가 곧 그 부담감을 과감히 떨쳐냈습니다. 저는 여전히 쓰고 싶은 대로 씁니다. 오랜 인연들이 글을 읽고 칭찬해 주시는 덕분에 잘 쓰고 있는 것처럼 착각하며 사는 것도 나쁘지 않다는 생각이 듭니다.

이렇게 좋아하는 일을 멈추고 싶지는 않습니다. 시작하면 끝을 보는 성격이라 마음먹고 제대로 글을 쓰고 가야금을 하고자 한다면 저는 많은 것을 포기해야 합니다. 제게 달린 책임감과 현실은 저를 꿈꾸게 내버려 두지는 않는 것 같습니다. 그래서 제가 할 수 있는 만큼만 하면서 칭찬에는 행복해하고, 쓴소리에는 울어 버리기로 하고, 더 글을 잘 쓰시는 분들을 실컷 부러워하며 살기로 마음먹었습니다.

이번 책은 주제별로 나눠서 구성했습니다. 마음에 드는 제목의 글만 읽어도 무방합니다. 언젠가 독자를 만나 하나의 주제로 하루 종일 이야기 나눠도 좋을 것 같습니다. 좋은 것을 보면 글이 쓰고 싶어지고, 글을 쓰면 또 좋은 것을 보고 남겨놓고 싶어집니다. 제게 글을 쓰는 그 순간만큼은 충분히 채워지는 순간입니다.

당신의 충분했던 순간은 언제였나요?

목차

작가의 말   5

● 계절은 겨울부터 시작된다

겨울	18
봄	21
여름	24
가을	25
사계	27

● 글을 쓴다는 건

나는 살아있다	30
그런데 오늘	31
아무 것도 떠오르지 않을 때 쓴 글조차 글이다	33
나는 참 할 말이 많은 사람이었구나	35
내 언어는 많이 거칠다	36
결국 난 부족한 채로 살아가야 편안한 건가	37
우주의 언어	39
실은 잘 쓸 자신이 없는 거면서	40
"뭐가 문제야?"	41

봄까치꽃	43
고요함도 시다	45
훌륭해서 쓴 게 아니라	47
내 언어가 있어야 한다	49

● 간호사, 쓰다.

나는 그들을 도와야한다	56
아무것도 아니다	58
이만하면 됐다	59
사표를 냈다	60
탓하지 말고, 대가를 바라지 말고	63
솔직히 믿고 싶었다	64
"오늘, 어땠어요?"	65
변화는 쉽지 않다	67
무엇을 걸어도 잘 어울리는 사람이 되고 싶어서요	69
"도와줘."라고 하지 말고 "이거 해."라고 이야기 해	70
"제가 이 일이 맞지 않는 걸까요?"	72
괜찮니?	74

이런 개나리 식빵!!	76
나도 행복해지고 싶다	79
꽃을 바라보듯이, 그대를	82

● 코로나 시대를 살다 (2020 - 2022)

인간의 욕망과 싸우는 세상	90
새로운 족쇄	92
주님께서 이웃을 어떻게 사랑하라고 하셨나	93
학업보다는 살림이 늘어가는 아이들	95
백신 괴담	96
밀접 접촉자	100
"아이 말고 너."	103
우리, 참을 만큼 참아왔잖아?	105
사라지는 것들에 대한 아쉬움	107
못 보던 친구	108
방호복 안에서	109
38.4도	111
여전히 이겨내고 있는 중이다	113

● 슬픔을 말하는 방법

그저 그럴 수밖에 없는 일들	118
어린왕자는 노을을 마흔네 번이나 보았다고 한다	119
우선 잠시 STOP	120
대체 내게 무슨 일이 있었지??	121
지쳐 보인다고	122
시작인데 끝난 것 같은 이 더러운 기분	123
두려움을 고스란히 안고	124
아무 말도 하고 싶지 않고 아무 것도 하고 싶지 않은데	125
좀 가만히 내버려둬	126
웃음을 거두겠다	127
그럼 이제 뭘 하지?	128
난 그저 피곤했을 뿐이다	129
그만 넘어져 버렸다	130
이 글을 이해하지 말도록	131

● 떠나보낸 이들에게

더 다가설 마음이 없는 두 사람	134
미워하는 게 아니야	135
"그동안 즐거웠다."	136
너를 잊기 위해 너를 떠올리게 되었다	138
볼 수 없을지도 모른다는 두려움	139
지금부터는 다 네 탓	140
우린 아마도 잊게 될거야	141
당신은 아무것도 아니었다	142

● 참을 수 없어서 하는 말인데 말야

착함과 바보는 동급	146
난감하네	147
결정적 순간에	149
뇌와 심장	150
상처는 폭풍같이 밀려들어도 위로는 사막의 오아시스 같은 것이다	151
의식의 흐름대로	153

미워하면 그러라지	154
타인의 시간을 도둑질하는 사람	155
나는 나	157
그래서 어쩌라고	159
먼지 같은 사람은 어디나 묻어가는 법이다	160
백 년이 지나도 어울리지 않는다	161
내 삶의 엑스트라들에게	162
말이 잘 통한다고 해서	164
심리적 거리감	165
과연 적당히 하면서 살 수는 있었을까?	166

● 좋은 사람 되기

내 다른 자아	170
나를 포기하는게 더 쉬웠다	171
"너 밖에 없어."	172
관계를 조립해 본다	174
나를 벗어난다	175
말 안 하면 하나도 모른다	176

혼자가 편하고 괜찮으냐고 물어본다	177
"그때 그렇게 해 볼걸."	178
들어주는 사람	179
사랑이었다는 걸	180
좋은 것을 가질 자격	182
자책은 금물이다	183

■ 따뜻한 세상을 향해 한 발 앞으로

사랑하고 또 사랑하며	188
지나쳐 가는 모든 것에는	189
나도 꽃을 피울 수 있는 사람이었다	190
좋은 일이 쌓여 가는 경험	191
가만히 들여다보자	192
당신 덕분입니다	193
함께 빛날 수 있는 곳이 있다면	194
사랑이란	195
똑똑. 마음 씨. 저 왔다 가요	196
선(善)을 더할 때	197

| 보다 더 사랑하려는 노력 | 198 |
| 잔잔한 바다인 줄 알았다면 그건 아마도 호수일 걸 | 199 |

● 스쳐가고, 스며들고

그녀가 길을 잘 건너는지 보고 싶었다	204
도서관 가는 길	206
그래 봤자 파랗고 눈부시겠지	207
충분했던 이 순간	208
행복은 별거 없다	211
아까운 밤을 그저 이렇게 쓴다	213
라면 물에 낭만이 붙을 수 있는 건	215
나로 사는 시간	216

책을 덮는 그대에게   218

계절은 겨울부터 시작된다

겨울

봄

여름

가을

사계

겨울

⋮

　세상이라는 한 솥에 첫눈 한 꼬집. 아까부터 눈이 조용조용 내리고 있다. 계절은 겨울부터 시작하다 **겨울**로 끝이 난다. 눈으로 온 세상이 뒤덮이니 사람들은 시인도 되었다가 소설가도 되었다가 영화감독도 되었다가 배우도 되었다가 하며 눈에 대한 자신의 생각과 마음을 어떻게든 표현하려고 애쓴다.

　나도 낭만을 느끼고 싶어 아파트 주차장에 가서 발자국 몇 개 남기고 왔다. 한밤중이라 발자국을 남긴 사람이 많지 않아서 온통 내 차지인 듯 여기저기 발자국을 남기고 사진을 찍었다. 하지만 몹쓸 체력으로 추위를 견디지 못하고 집으로 들어왔다. 낭만은 고사하고 다시 생활인이 되어 눈 대신 걱정만 덕지덕지 붙여 왔다. 폭설로 출근길 교통 대란이 예상된다는 안전 문자가 벌써 5통 넘게 와 있다. 가뜩이나 야근해야 하는 날에 눈이 내려 출퇴근길에 차 막힘으로 더 일찍 나가야 하고 더 늦게 퇴근할 것 같아 가족의 식사를 제때 챙기지 못할 것 같았다. 걱정이 되면서도 따뜻하고 달콤한 초콜릿 우유 한 잔 타서 창가로 가 눈 내리는 풍경을 보고 있으니 위험 경보는 아직 와닿지 않는다.

　밥솥에 쌀을 안치고 국을 끓이고 만두를 튀기고 김치를 썰어놓고 부침개 몇 조각 부쳐 놓으니 밥솥에서 밥 다 됐다고 요란하게도 나를 불렀다. 밥솥 뚜껑을 여니 하얀 김이 모락모락 피어오름과 동시에 고소한 쌀밥 냄새가 올라왔다. 하얀 쌀밥이 좀 전에 보고 온 눈밭을 연상하게 만든다는 건 거짓말이고 그냥 맛있겠다는 생각만 들었다. 주걱으로 살살 덮으며 김을 빼고 빈 통에 두세 주걱씩 퍼 담았다. 차곡차곡 쌓으니 냉장고 안이 어느새 그득해졌다. 눈 쌓인 걸 보면서 기분 좋은 것처럼 기분이 좋았다는 건 억지고, 그냥 뿌듯했다.

곧 크리스마스가 다가온다. 올해는 화이트 크리스마스를 기대해 볼 수 있을까 싶어도, 막상 화이트 크리스마스에 딱히 할 것이 없다. 그럼에도 크리스마스가 지나고 밤 12시가 넘으면 또 다음 크리스마스를 기다리며 1년을 보낸다. 온통 겨울 같은 차가움으로 무장하고 있다가도 크리스마스, 이날만큼은 아는 사람은 물론이고 알지 못하는 사람에게도 편견 없이 정겹게 인사를 나눈다. 크리스마스는 겨울이지만, 마음에 온기를 불어넣는 따뜻한 날이고 착해지고 싶은 날이고 너그러워지는 날이다.

사람을 착하게 만들어 버리는 이 날은 그걸 인정받고 싶고 바라는 것이 많아진다. 영어도 어려운데 핀란드인인 산타 할아버지에게는 어떻게 인사하려고 그리도 기다리게 되는지 모르지만 뭔가 보상받고 싶은 마음은 어릴 때나 지금이나 매한가지다. 이미 속물이 되어 순수한 어린이가 가지고픈 선물보다는 훨씬 더 큰 것을 바라게 된다. 하지만 바라는 대로만 이뤄질 수 있다는 걸 믿기엔 나는 너무 커 버렸다.

얼마 전에 백화점에 갔다가 보타닉 카페에서 파는 동백나무에게 시선이 갔다. 빨간 동백나무는 겨울을 이겨내는 꽃이 아니던가. 보이지 않는 실체에 뭔가를 바라는 것보다는 겨울을 이겨내는 꽃에 희망을 걸어 보고 싶었다. 어쩌면 무언가에라도 기대어 힘을 받고 싶었나 보다. 산타할아버지께 빌어봤자 선물로 받을 리 없는 동백나무를 그냥 내가 샀다.

이처럼 눈 오는 날 밤, 눈 위에 발자국 남기는 낭만을 이어 동백에게 편지를 써야겠다.

동백에게.

　잠자고 있는 너의 의식이 깨어나길 바란다. 한겨울의 강풍과 눈보라에도 꽃을 피울 수 있다고 들었다. 다만 따뜻한 온실 속에서 계절을 알 수 없게 만들고 혼란스럽게 하여 네가 깨어나야 할 때를 놓치게 만든 것 같아서 미안하다. 잎을 잘 닦아 주고 물도 주며 사랑한다고 말해도 너는 아직 마음을 열지 않는구나. 네게 필요한 게 뭘까. 뭘 해 줘야 할까. 마음을 열기는 할까 조금씩 불안해진다. 피우지도 못한 채 옹그리고 꿈을 꾸다 영원 속으로 가는 게 아닌가 싶어 갑자기 울컥해진다. 너를 괴롭히고 싶지는 않은데, 그러려고 했던 게 아닌데 너를 힘들게 하는 거라면 어쩌지? 잎사귀 하나씩 손잡아주며 용서를 빌어 본다. 내게 와 줘. 부디. 동백아.

봄

　한겨울에도 꽃을 볼 수 있다기에 산 동백나무에 꽃봉오리도 함께 달려왔다. 겨우내 물도 주고 잎도 닦아 주었는데 꽃봉오리가 열릴랑 말랑 속을 태웠다. 봄이 되어도 속마음을 열지 않아 애가 탔다. 그래도 봄 햇살에 더는 견디지 못하고 도도함을 털고 조금씩 꽃잎을 열던 아이가 갑자기 툭 떨어졌다.

　내가 뭘 잘못한 걸까 하고 한참을 바라봤다. 대답을 듣는 대신 난 왜 잘못된 모든 것에 내 탓만 하고 있는지 다시 내게 되물었다. 남 탓하는 게 무섭다. 내가 오해할까 봐 무섭다. 내가 알고 있는 사실이 진실도 아닌데 몰아세워서 나쁜 걸로 만들까봐 무섭다. 차라리 내 탓하는 게 속이 편하다. 내 탓 하는 건 그저 나 편하자고 하는 가장 이기적인 일이다.

　봄볕이 따사로운데 새로운 꽃을 심을 생각보다는 작년에 심어놓은 꽃과 열매가 왜 시들고 단단하지 못했을까만 생각하다 시간을 낭비하고 말았다. 미련은 곰탱이라고 하지 않았나. 이 곰탱이는 지나간 꽃과 열매 생각하느라 동굴 밖의 변화에는 관심도 두지 않고 여전히 겨울 이불을 덮고 쉰내 풍기며 등 돌리고 모로 누워 있는 꼴이다. 산들바람이 부는지도, 들에 파란 싹이 돋아나고 있는지도, 강남 갔던 제비가 돌아오는지도 모르고 그렇게 미련하게 곰탱이 짓만 하다가는 동굴 안에서 화석이 되어 버릴지도 모른다. 이제 눈을 비비고 일어나서 기지개 켜고 한 발 한 발 움직이고 어둠의 선을 넘어 눈부신 햇살이 비추는 어딘가로 나아가야 한다.

흐린 일요일 오후. 회색 빛 하늘이 봄을 가리고 있다. 춥기엔 민망해서 푸른 하늘이라도 잠시 가리며 봄을 시샘하는 것 같다. 문을 나섰다. 회색 후드티에 까만 추리닝 바지, 아무거나 고른 양말은 역시 짝이 맞을 리 없고, 짝짝이 양말 한쪽에는 엄지발가락이 신발 속에서 몰래 고개를 내밀고 있다. 감지 않은 머리를 감추러 모자를 푹 눌러썼다. 세상 편한 옷차림과 가릴 곳은 가리고 나오니 괜히 기분이 좋아졌다.

길게 산책을 할까 하다가 주변 도서관에 들어왔다. 조만간 사보에 실을 글을 써야 하기에 뭐라도 좀 참고해 볼까 해서 왔는데 눈에 들어오는 건 없다. 문학 작품을 써내야 하는 건 아니니 대충 쓰자 싶어 참고할 책을 찾는 건 진즉 포기했다.

도서관에서 마음에 드는 딱 알맞은 자리를 차지한다는 게 쉽지는 않아서 한동안 빙빙 맴돌았다. 소파에 온몸을 파묻고 좋아하는 책의 반 정도는 읽고 가고 싶었다. 원하던 자리에는 주인 없는 가방만 덩그러니 놓여 있었다. 기약 없는 기다림은 지친다. 다시 이리저리 맴돌았다. 생긴 지 얼마 되지 않는 도서관이라 책보다는 공간이 차지하는 비율이 더 많았다. 그게 좋아 산책길 걷듯 책의 오솔길을 걷다가 잔디밭에 앉듯 책장 앞에 풀썩 앉았다. 도서관에서는 그렇게 앉아 있어도 옆에 책 한 권 놓여 있으면 그게 또 낭만적이다. 얼마간의 시간이 흐르고, 책장은 쉽게 넘어가지지 않았고 바닥의 냉기가 나를 밀어냈다. 몸을 뒤로 뻗어 책장 너머로 슬쩍 보니, 내가 원하던 자리에 있던 주인 없던 가방의 주인은 여전히 오지 않았다.

밖으로 나왔다. 흐린 하늘은 어느새 봄으로 채색되어 있었다. 봄이 무르익고 있음이 느껴진다. 세상에 채워지는 색채가 많아 눈부시다. 나는 아직 흑백인데, 여기저기서 화려하게 채색되고 있다. 나도 아름다움으로 물들어가고 싶다. 빛으로 다가가고 색으로 채워지고 싶다. 마음에 봄을 틔워내고 싶다.

아니,

봄 햇살 내리 쬐는 화단 한쪽에 한껏 몸을 뻗고 늘어진 고양이처럼 '될 대로 되지지, 인간들이란 참' 하고 편안하게 생각하고 싶다. 별것도 아닌 일에 정의로운 척 힘 빼지 말고 마냥 늘어져 있길 소망한다. 봄 햇살이 잠깐 들린 여름 온기를 빌려 따끈하게 덥힌 흙바닥에 배를 깔고 누워보고 싶다. "인간들 거 참." 하고 그저 내 일 아닌 것처럼 바라보다 오수(午睡)를 청하고 싶다.

격렬히 아무것도 떠올리지 않는다. 난 아무것도 생각하지 않는다. 생각하지 않는다는 생각도 잊는다. 반드시 채워야 할 이유는 없다. 봄이다. 내가 채우지 않아도 개나리는 노랗게 피어나고 벚꽃은 바람에 날리고 목련은 우아하기만 하며 공기는 포근하다. 그렇게 봄은 채워져 간다.

여름

⋮

누가 하늘을 긁어 놨어? 이러니 하늘이 열 받아서 이리도 덥지. 더우니 만사가 귀찮다. 만사가 귀찮은데 몸은 할일을 한다. 생각 없이 기계적으로 움직이게 된다. 말도 감정도 그저 버튼만 누르면 뽑아져 나오는 자동판매기의 음료수처럼 덜컹하고 나온다. 재미없다. 그래서 휴가를 냈다. 신난다. 사실 신나지도 재미있지도 않다. 말에서 감정이 하나도 느껴지지 않는다. 비슷한 일상도 조금씩 다르고 특별하다고는 했지만 특별함도 익숙해지면 무기력해지는 것 같다.

어딘가 머물기보다는 드라이브나 하려고 나왔다. 시원하게 달려본다. 작렬하는 태양을 가려 주는 구름도 고맙고 뻥 뚫린 도로도 고맙다. 음악적 취향이 다른 남편이 트는 드라이브 뮤직들은 귀에 거슬리지만 휴가이니 그럭저럭 넘어가게 된다.

무게가 실린 구름의 낯빛이 흐리다. 비 온다. 마냥 좋다. 우산 위를 두드리는, **여름**이 내려주는 예측할 수 없는 리듬에 심장이 두근거린다. 우산을 내려놓고 싶은 충동이 일렁인다. 그러면 안 된다는 걸 아는 이성이, 그럴 수도 있겠다 싶은 감성에게 상처를 주고야 만다. 비를 흠뻑 맞고 싶은 충동 하나 억누르고, 참는 자에게 복이 오는 정도가 기껏 감기 한 번 피하는 정도인데, 용기 내는 것이 이다지도 어렵다.

소나기 흠뻑 내린 날, 우산에 물기가 마르기도 전에 비는 그쳤고 어딘지도 모를 낯선 여행지에서 찾아 들어간 카페에서는 햇살이 창가에 고였다. 낯선 곳에서 낯선 사람들과 나누는 담백한 이야기와 눈빛, 지키지도 못할 다음을 기약하는 행복한 인사가 오후를 물들였다.

가을

길을 나섰다. 일주일 전 같은 시간에는 해가 하늘을 차지했는데 오늘은 벌써 달이 나왔다. 바람이 불었다. 선선한 바람결에 실려 **가을**이 왔다. 길가에 핀 구절초 꽃무리들이 바람에 흔들렸다.

코스모스와 민들레를 섞어놓은 듯해 보이는 구절초는 가을 여인이라는 꽃말을 가지고 있다. 구절초는 꽃부터 줄기까지 버릴 것 하나 없는 꽃이라고 한다. 생명력도 강하고 음지나 양지에서도 잘 자라고, 9월에 받은 씨앗이 약효도 좋고 가장 튼튼하다 해서 구절초라는 이름이 붙여졌단다. 길가에 무리지어 아무렇게나 피어 있는 흔하디흔한 꽃이라 평소에는 그런가보다 하고 지나치던 꽃이었는데 알고 다시 쳐다보니 새로웠다. 효능이든 재능이든 이름이 무엇이든 뭐 그리 중요할까. 귀한 것도 좋고 흔한 것도 좋은 그 이름은 다름 아닌 '꽃'이다.

온전히 물들지 않은 푸른 잎들은 제법 고집스럽게 제 색을 지키고 있다. 고집을 굳이 꺾고 싶지 않은 가을은 조화로움을 이해하는 계절이다. 이렇게 뭐든 너그럽고 이해심 깊은 가을을 내가 좋아한다.

천천히 걸으니 어느새 밤이 되었다. 파란 하늘과 노란 은행잎이나 붉은 단풍은 어둠에 가려졌다. 화려하지 않아도 좋다. 바람도 멈췄고 움직임 없는 호숫가에 내 발소리만 이 정적을 깨고 있다. 가을이라 고독도 어울린다. 고독을 오독오독 씹으며 바스락바스락 낙엽 밟는 소리를 듣는다. 글을 써야겠다 싶었다. 시를 써 봤다.

흘러가는 보름달 아쉬워 나뭇가지 사이에 걸어 두었네.
나뭇가지 사이에 걸어 놓은 달빛 애처로워 마음이 허물어지네.
욕심부리매 다시 오시지 않을 것 같아 고이 보내드리네.
잠깐 욕심 부린 이에게도 관용을 베푸시는 달님은 손을 흔드네.
은빛 향기 바람결에 코끝을 스치네.

사계

봄 한 그릇 잘 담아
　여름으로 비벼
　　가을에 그득해지면
　　　겨울을 든든히 날 수 있다오.

글을 쓴다는 건

나는 살아 있다
그런데 오늘
아무 것도 떠오르지 않을 때 쓴 글조차 글이다
나는 참 할 말이 많은 사람이었구나
내 언어는 많이 거칠다
결국 난 부족한 채로 살아가야 편안한 건가
우주의 언어
실은 잘 쓸 자신이 없는 거면서
"뭐가 문제야?"
봄까치꽃
고요함도 시다
훌륭해서 쓴 게 아니라
내 언어가 있어야 한다

나는 살아 있다

:

책을 내면 가장 먼저 보여주고 싶은 사람이 누구냐는 질문을 받았다. 아무 말도 할 수 없었다. 그러게, 글을 쓰기만 했지 내 글을 누군가 읽어 본다는 생각은 못했다. 내가 하고 싶은 말을 하기만 하면 될 줄 알았는데, 읽는 사람을 배려하지 못했다. 처음부터 누구를 위해서 펜을 든 것도 아니었던 것 같다.

그럼 왜 나는 글을 쓰고 있나? 하고 싶은 말을 하지 못하고 살아서일까, 했던 말을 또 하고 싶어서일까, 추억하고 싶어서일까, 잊고 싶어서일까? 여전히 모르겠다. 이렇게 의미도 모르고 긁적이다 칸만 채워지는 글. 괜찮은 걸까?

왜 사는지도 모르고 그저 숨 쉬니까 살아 있다는 걸 느낀다. 살아 있으면 또 뭐라도 하게 되고, 하게 되면 뭐라도 되어 있다가, 뭐라도 잃어도 봤다가 뭐라도 가져도 보게 된다. 나는 욕심이 있는 사람이다. 욕심이 있어야 산다. 그러니 글을 쓰고, 그러니 흔적을 남긴다. 마음속에 남기는 일은 재미없다. 재미있게 살아 있는 건 나쁘지 않다.

글을 쓴다는 건, "사는 것"이고, "나는 살아 있다."고 남기는 것이다. 그러니 나라는 사람이 글 쓰는 이유가 이해되지 않더라도, 이해해 주기를 바란다. 이게 무슨 소리지, 하고 고개를 갸우뚱하며 읽을지도 모를 당신에게 감사한다.

"고맙습니다. 당신으로 인해 제 글이 더 빛났고 제 하루가 기쁨으로 채워졌습니다."

그런데 오늘

:

　단순히 즉흥적으로 떠오르는 생각으로만 채우려다 보니 왠지 단어 몇 개만 다를 뿐, 대체로 내용도 비슷하다. 개인의 불만족, 희망, 사랑, 기쁨, 우울, 비관주의, 분노, 걱정, 불안, 원망, 슬픔, 넋두리, 행복 따위의 것들이다. 대단한 가치와 철학이 담겨져 있거나 정보를 준다거나 사람 심리를 파고드는 이야기를 쓰려면 공부를 많이 해야 한다. 공부는 어렵다. 내 분야는 아니라는 말이다.

　SNS에 물들어 가던 그 순간부터 400자 내의 글만 쓰는데 익숙하다 보니, 언제부터인가 주어도 없고 서술어도 없는 추상적이고 비현실적인 목적어만 난무하다. 그런 글을 읽으라고 게시해 놓고는, 이해하면 좋고 아니면 말고, 라며 그리 쿨하지 않은 성격임에도 무심한 척 넘어간다. 관심받기 위해 억지로 말랑하고 달콤하고 희망적이고 긍정적인 메시지가 있는 글을 써 보기는 하는데, 역시 어색하다. 하는 수 없이 모자라면 모자란 대로 살아 본다.

　"평범한 일상이지만 글 쓰는 게 좋아서 쓰다 보니 책이 되더라고요."라는 작가들의 삶을 보면 내 기준에서는, 그런 분들은 결코 평범하지 않았다. 글을 쓰고 책이라는 결과물을 내는 건 평범하지 않다. 아무나 할 수 있다고는 하지만, 그렇지는 않다. 마음을 먹기는 해야 한다. 포기하지 않아야 한다. 포기하지 않는 이야기, 듣기 싫다 해도, 읽기 싫다 해도, 보기 싫다 해도 죽어라 들이미는 용기가 있어야 한다.

　세상 밖으로 내 이야기가 나왔을 때 욕을 먹든 라면 받침대가 되든 폐기

처분되든 책임은 오롯이 내게 있다. 용기를 내 봤지만 결과가 만족스럽지 못할 땐, 그럼 내 탓이 아닐 거라고 또 세상을 향해 킥을 날려 주겠다.

감사하게도 내 글이 편안하게 읽힌다는 이야기를 많이 듣는다. 내 글이 너무 좋았다거나 내 글에서 감화를 받았다는 이야기는 몇 번 들어봤다. 마음이 아프지만, 다음 장이 궁금하지 않다는 이야기도 어디서 본 적이 있다.

삶이 단조롭다. 내가 원하던 삶이다. 다들 그렇게 살고 있을만한 삶을 사는 게 내게는 소원이었으니, 편안하게 읽히는 글이라는 평가는 잘 살고 있다는 소리인 것 같다. 이제야 평범해졌다는 걸 실감하게 됐다. 예전의 파란만장했던 삶을 수기의 형태로 남길 재주는 없다. 내 아픔을 기승전결로 써 내려갈 자신이 없다. 그저 어쩌다 툭 이야기가 던져질 수도 있겠지만 글이 늘 미래를 향할 수는 없다.

어렵사리 살아남았고, 노력하면서 살아왔다. 평온함은 남의 삶이었고, 나는 이 평온함이 깨질까 봐 어제까지도 긴장하면서 주먹을 꼭 쥐고 살아왔다.

그런데 오늘, 나는 좀 편안해졌다.

아무 것도 떠오르지 않을 때 쓴 글조차 글이다

⋮

- '뭘 쓰려고 하다가 몇 번을 지웠다 또 쓰는지 모른다. 가능한 한 가식적이거나 억지스러운 감성 표현과 금방 들통날 얕은 지식들은 쓰지 않으려고 한다.
- 취해서는 글 쓰면 안 되는데, 아침에 읽어 보면 가관도 아닐 글을 쓰고 있다. 보다가 웃겨서 내일 아침에는 웃으며 출근할 수 있을 거 같다.
- 써야 한다. 뭐라도. 생각이 안 나면 '안 난다'라도 써야 한다. 오늘은 아무 생각이 안 난다. 여하튼 오늘은 아무것도 떠오르지 않는 나를 솔직하게 고백하는 걸로 글을 마무리 짓겠다.
- 그저 그런 일상이다. 풀고 말고 할 것도 없지만, 뭐라도 매일 써야 한다. 뭐라도 남겠지.
- 진짜 할 말이 없다. 그래도 요만큼 썼다. 참 잘했어요 도장은 못 받겠지만 개근상은 받을 수 있을 것 같다. 벌써 두 줄이나 썼다. 됐다.
- 말 조각하기. 떠오르는 대로 쓰기. 무슨 소리인지 이해하기 어려울지도 모르는 글을 쓰려고 한다. 다듬어서 하나의 완성된 글을 쓰려니 어려워서 의식의 흐름대로 써 보려고 한다. 흩트려 놓은 글은 언젠가 에너지가 생길 때 영리하게 배열하여 하나의 문장으로 완성해 놓으면 된다.
- 오늘 하루 아무것도 하지 않았다고 글을 쓰는 아무 짓을 하고 있다. 아무것도 하지 않는 상태는 죽은 것과 다름없다. 무의미한 날은 없다. 아무것도 하지 않은 게 아니라 숨 쉬는 큰일을 하고 있다. 살아 있으면 뭐라도 하게 된다. 아무것도 하지 않은 건 내가 원하는 걸 참았거나

못했다는 말이다. 원하는 걸 다 할 수는 없지만 그걸 마치 쓸모없는 사람이 된 것처럼 말하지 말자.

아무 것도 떠오르지 않을 때 쓴 글조차 글이다. 짖지 않았다.

나는 참 할 말이 많은 사람이었구나

∴

오랜만에 컴퓨터 백업을 했다. 백업하기 전에 오래된 파일들을 하나씩 열어봤다. 몇 시간 째 컴퓨터 앞에 앉아서 저장된 파일을 하나씩 열어봤는데, 한숨도 나오고, 손발이 제대로 오그라들 정도의 유치한 자작시들에 얼굴이 붉어지기도 했다. 그때는 절실했던 감정들이 지금에 와서는 대체 왜 그랬는지 스스로도 이해할 수 없어, 하나씩 기억을 떠올려보기도 했다.

나는 참 할 말이 많은 사람이었구나 싶었다.
밖으로 드러내지 못하는 수줍은 언어들이 꽁꽁 묶여 있다가 지면을 통해 고개를 내밀고 나오려는 것이 보였다. 문제는, 혼자만 읽을 수밖에 없는 글에서조차도 이 말을 해야 하나 말아야하나 고뇌한 흔적이 역력했다. 결국 정작 해야 할 말 보다는 누가 봐도 상관없는 일상적인 언어로 쓰다 보니 진정성이 없었다.

숨이 막히는 느낌이 들었다. 맥락을 놓친 글은 제멋대로 춤을 추다 이내 멈춰 버렸다.

내 언어는 많이 거칠다

며칠 동안 토론문을 작성하느라 일 년치 글은 다 쓴 것 같다. 해가 뜨는지 지는지 알 수 없는 시간에 머무르며 자판을 열심히 두드렸다. 내 입장을 밝히고 타인의 입장을 존중하며 화두를 던져 논의를 해야 하는 자리에서 발표할 자료라 허투루 할 수 없었다. 난 경험을 최우선으로 하는 편이라 전문용어는 가급적 쓰지 않고 실전 용어를 그대로 넣는 편이다. 통계를 내고 남의 글을 인용하는 거 잘 못한다. 물론 이론적인 근거 없이 무작정 쓰면 낙서와 다를 바는 없다. 이론은 머릿속으로 이해하고 내 언어로 남을 설득하는 걸 좋아한다. 남의 글은 내 컨디션에 따라 의미가 달라지므로 결코 내 것이 될 수 없다.

내 언어는 많이 거칠다.

그런데 속은 후련하다고들 한다. 원래 그게 현실이니. 이상적이고 예쁜 걸 원하면 동화책을 보시면 된다고 살짝 팁을 주기도 한다. 그런데 가끔 나도 전문적 용어를 쓰며 발음도 꼬아 보고 싶고 숫자도 무한대로 읊어 보고 싶고 고사성어 몇 개쯤 아무렇지 않게 내뱉고도 싶다. 너무 현장 용어에 익숙하다 보니 내 말에 신뢰를 잃는 게 아닌가 하는 두려움도 생긴다.

글과 말을 다시 한번 돌아봐야겠다.

결국 난 부족한 채로 살아가야 편안한 건가

:

잊고 싶은 하루를 썼다가 지웠다. 365일 중 하루를 지웠으니 마치 삶이 부족해지는 것 같다. 용기가 안 난다. 그날을 기억하는 게. 채우지 않겠다고 마음먹은 건 내 선택인데 모든 선택에는 후회와 후련함이 동시에 찾아온다.

지면을 채우는 의무가 있는 것도 아니고 어디선가 원고를 독촉하지도 않는데도 벌써부터 글 쓰는 이의 흉내를 내며 마치 비어 있는 하루를 속죄하는 양 이렇게 펜을 드는 것도 우습다. 반드시 채워야 하는 것도 아니고 말하지 않으면 모르고 넘어갈 누군가의 하루에 관심 따위 없다는 거 아는데, 내가 기억하고 있다는 게 문제다.

생각해 보면 나는 새 공책을 사면 첫 장에 글을 쓰다가 꼭 실수를 했다. 잘못 쓰거나 뭔가 묻히거나 종이에 베이거나. 새로 시작하고 싶어 산 새 노트인데 실수하면 안 된다는 생각 때문에 모자란 나를 탓하며 첫 장을 고민 없이 북 찢어 버리고 다시 시작한다. 마치 없었던 일처럼 새롭게 쓰는데, 두 번째 장에서부터는 맥이 빠진다. 첫 번째 장이 아니라는 걸 나는 알기 때문이다.

결국 난 부족한 채로 살아가야 편안한 건가.

무의식이 나를 그렇게 이끄는 건가. 너무 채우면 무거워져서 감당할 수 없을까 봐?

하늘이 흐리다. 너무 맑아도 너무 높아도 너무 채워져도 불안하다. 좋은 건, 잘난 것은 내 것이 아니라는 생각을 가지고 있었던 것 같다. 그래서 적당히 흐린 이런 날이 조금은 편안하다. 우울한 마음을 합리적으로 설명할 수 있으니.
  괜히 썼나. 하지만, 이 글은 남겨 둔다. 변명은 필요한 법이다. 그 변명으로, 부족한 날을 채워 기어이 플러스 시키고야마는 난 어쩌면 지독한 욕심쟁이일지도.

우주의 언어

저수지 산책을 하다가 사진을 찍었다. 내가 본 아름다움을 사진 한 장에 담을 수 있는 편리함을 접어 두고, 봐야만 알 수 있는 것들에 대해 글로 생생하게 전달하는 재주를 가지고 싶은 욕심이 생겼다. 내가 가진 그러나 글자를 아는 모든 이들의 언어로 독특하고 개성 있게 이야기하고 싶다.

저수지 산책 중 연꽃 무덤 같은 곳이 보였다. 한여름 수면 위에 떠올라 고고한 자태를 뽐내며 피어 있었을 연꽃들이 계절을 지나 꽃잎을 떨구고 위로 솟은 줄기는 말라 비틀어져 고개를 숙였다. 물속을 보니 줄기들이 얽혀 있었고 드문드문 연잎들이 해파리처럼 흐물거리며 잠겨 있었다. 고사리 색깔 같은 짙은 황갈색 줄기는 꺾인 모양이 다양했다. 기억자 모양이나 시옷자 모양 또는 알 수 없는 기하학적인 모양을 이루었는데 물에 반영된 그것들이 마치 기호처럼 보였다.

우주의 언어를 인간만이 가지고 있으랴.

아마도 다시 꽃 피우러 오겠다는 약속을 저런 모양으로 이야기하고자 했던 건 아닐까 싶어서 이렇게 대답해 주고 싶었다.

"듣고 있어. 기다릴게."

실은 잘 쓸 자신이 없는 거면서

⋮

　기획서, 계획서, 리포트, 논문, 보고서, 소감문, 부탁받은 글은 정말 쓰기 싫은 글이다. 특히 부탁받은 글은 더 싫다. "글 좀 쓴다며?" 하고 내 글을 한 번도 읽어본 적이 없는 사람이 을 같은 갑의 자세로 부탁 아닌 부탁을 한다. 당신이 이뤄낸 것을 참 잘했다고 인정하게 만들도록 써 달라고 하면서 "편하게 쓰세요"라는 말도 듣기 거북하다. 날 편하게 해주려면 애당초 부탁하지 말았어야 한다. 이런 마음으로 쓰는 글이 좋게 써질 리 없다. 사골 국물 우러나듯 진하고 뽀얀 글들이 나와야 하는데 쓰기 싫다 보니 이거 저거 넣은 잡탕이 돼 버리기 일쑤다. 후춧가루와 고춧가루 팍팍 넣어 괴롭히고 싶다.

　그런데 이렇게 이야기하다 보니 글에 대한 내 태도가 심히 오만한 것 같다. 난 작가가 아니다. 축에도 못 낀다. 그저 모아놓은 글을 잘 배열해서 세상 밖으로 내놓을 준비를 하며 나를 시험대에 올려놓기 시작했을 뿐이다. 마치 내가 뭐라도 된 양 상대를 무시하고 어쩌면 다른 사람의 부탁을 왜곡해서 생각하고 있었는지도 모른다.

　실은 잘 쓸 자신이 없는 거면서 대단한 문장가나 문학가라도 된 양 꼴값을 떨고 있다.

　어이, 좀 솔직해져 보자.

　게으른 거지? 하기 싫은 거지? 공부 안 했지? 잘 모르는 거지? 잘 안 써지지?

　반성해.

"뭐가 문제야?"

끄적끄적 혼자만의 이야기는 그럭저럭 쓰겠는데 주제를 던져주고 누군가들이 원하는 글은 잘 못 쓴다. 그래서인지 라디오 사연이나 월간지 공모전에 출품했으나 번번이 탈락의 고배를 마셨다. 또한 기획서나 제안서를 쓰는 것도 젬병이다. 다른 사람들보다는 글을 좀 쓰네 하고 나를 추켜세워 주었던 주변 지인들도 그 점을 늘 이상하게 여겼다.

"뭐가 문제야?"

굳이 답을 말한다면 알아서 자유롭게 쓰도록 내버려 두라는 거다. 제안을 간섭이라 여기고 격려를 가식이라 여기는 내 못된 마음들이 꼬여 그저 내 식대로만 아무렇게나 써 보고 싶은 거다. 평가받는 걸 두려워하는 마음은 실력이 모자란 것을 증명하는 것일지도 모른다. 또 다른 사람들이 원하는 대답을 하기보다는 내가 말하고 싶은 걸 들으라는 이기적인 마음이 있는 것 같다.

그나마 나 같은 사람에게도 기회라는 희망을 가져다준 것이 있다. 불행 중 다행인 것은 개인의 취향을 한껏 존중해 주는 독립적인 곳들이 생겨났다는 거다. 무엇으로부터 독립을 해야 하는지는 모르겠고 해방과 독립이라는 정치적 이념만 떠올라 다소 묵직해 보이기도 해서 '독립'이라는 단어 자체는 부담스럽지만 독립 출판이라는 것은 내게 일어난 작은 기적이었다.

처음 구매한 독립 출판물은 중학교 문고집과 다를 바 없는 조악한 것이었다. 책은 손바닥만 한 크기였고 책 재질도 거칠었으며 작은 글씨에 자신이 무엇을 좋아하고 있는지만 주구장창 나열해 놓고 이게 왜 좋을까 싶은 것을 찍은 사진들이 한 면을 차지하고 있었다. 자신이 쓴 글이 이론에 맞는지, 합리적이고 논리적인지 따위는 아랑곳하지 않았다. 중요한 건, 그건 자신이 지금 뭘 좋아하고 뭘 하고 싶은지를 잘 아는 사람이 만든 것이었다. 부수도 얼마 없었고 눈에 띄지도 않을 작은 크기였지만 당당했다. 보물찾기와 다름없는, 알아보는 사람만 알아볼 수 있다는 것처럼 당당하게 테이블 한쪽을 차지하고 있었다.

'멋지다. 책이라는 것을 이렇게도 만들 수 있구나.'

그때의 신선한 충격은 내가 글을 쓰는 것에 자양분이 되었다.

난 좌절하지 않을 거다. 아무렇게나 쓸 거다. 당당하게.

봄까치꽃

산책길에서 본 봄까치꽃을 쪼그리고 앉아서 한참을 바라봤다. 내게는 참 소중한 꽃. 사실 내 첫 책 《오늘; 지금 시간이 흐르고 있는 이날》의 표지에 그려진 꽃이다.

봄까치꽃.

2월부터 피는, 봄을 부르는 꽃이지만 개나리나 벚꽃 등 화려하고 눈처럼 휘날리는 봄꽃들에 비해 낮은 곳에서 조용히 피고 너무 작고 흔해서 있는지, 있었는지, 사라졌는지조차 모를 그런 꽃이다. 그런 꽃을 굳이 표지에 실은 이유는 봄까치 꽃말이 '기쁜 소식'인데, 보통의 날 속에서도 작은 기쁨은 늘 있을 것이며 그걸 발견할 수 있는 사람은 행복할 것이라는 이유가 마음에 들었기 때문이다. 나는 당시 고민도 없이 표지 디자인을 선택했다.

쪼그려 앉아 한참을 바라보고 있는 내게 지인이 물었다.

"뭘 그렇게 열심히 봐?"

"이 꽃 이름 알아?"

"아니, 그냥 야생화, 잡초 그런 거 아냐?"

"봄까치꽃이야. 기쁜 소식이라는 꽃말도 있어."

"이름이 있는 거였구나. 너무 흔해서 자세히 볼 생각도 못했는데, 듣고 의미를 알고 보니 정말 예쁘다."

그 지인은 이리저리 자세를 바꿔 가며 사진을 찍어 갔다. 꽃들이 마치 내 아이라도 되는 것처럼 자랑스럽고 뿌듯하기조차 했다.

하지만 돌아오는 길에 난 슬퍼졌다. 일생의 소원이던 책을 출간했고 잠깐의 설렘과 기쁨이 있었다. 그러나 내 앞에도 내 다음에도 수없이 책들은 출간되었다. 부지런히 글을 쓰는 분들은 작가가 본업이든 아니든 그 다음, 또 다음을 준비하며 매번 새로운 책들을 발간했다. 그런 이들을 부러워하며 괜히 마음이 조급해지기도 하고 침울해지기도 하고 외면하고 싶기도 했고 더 이상 글감을 찾지 못하고 방황하는 내가 두려워지기도 했다.

그 시작은 욕심에서 비롯된 것이란 걸 안다. 작은 기쁨에 행복을 느껴야 하는데 나는 더 큰 기쁨을 원했다. 그러니 불행이 시작됐다. 마음이 불편해져 갔다. 글은 쓰지만 이 글이나 또 여러 이야기들이 다시 지면에 옮겨질 날이 올까 싶었다. 진솔하고 절실한 이야기가 아닌 보여 주기에 급급한 글들이라면 지금보다 더 최악의 상황이 되지 않을까 싶었다. 글을 못 쓰거나 안 쓰거나.

그때는 그랬지 하고 달콤한 추억 한 조각 품고 가는 인생도 나쁘지는 않겠지만 아직 할 이야기가 더 남아 있는 것 같은데, 펜을 놓기 싫은데 손에서 땀이 난다. 갑자기 두려워졌다. 도처에 널린 기쁜 소식들은 내 것이 아니었고 나는 이제 사소한 것이 아닌 대단한 기쁨만 쫓는 욕심쟁이로 전락해 버린 것 같다. 이건 아니다 싶다. 나를 불행하게 만들고 싶진 않다. 그래서 동굴 속으로 들어가 고민을 해 보려 한다.

아무것도 보이지 않는 곳에서부터 더듬더듬 나를 찾아 나오려한다. 나를 보려 한다.

고요함도 시다

:

　글은 원고지에 쓰기 전이 가장 잘 떠오른다. 그래서 내 머릿속의 백지에 거침없이 써 내려간 문학적 서술은 세상에 없는 이야기다. 잊어버리기 전에 서둘러 펜을 들지만 희한하게도 거짓말처럼 그 글은 휘발된다. 오늘도 그랬다. 야속하다.

　원망보다 피로가 먼저 와 불을 끄고 누웠다. 눈을 감았는데 숨바꼭질을 끝낸 이야기들이 다시 내 머릿속에서 뛰어논다. 의지보다 무기력감이 나를 누른다. 그냥 누워 있으려고 하는데 죽도록 떠올려지지 않던 '품앗이'라는 단어 하나가 번개처럼 스치고 천둥처럼 마음을 울려댔다. 품앗이로 뭘 쓰고자 했었는데 그냥 관두자 하는 포기가 번개보다 빨랐다.

　계속 계속 계속 글에 대해 생각한다. 빙빙빙 맴도는 단어들이 회오리를 치다 파괴되어 알아들을 수 없는 자음과 모음으로 흩어지다 조각나 버려 산산이 부서진다. 이런 악몽이 반복된다.

　힘을 빼고 눈을 감고 호흡을 해 본다. 글쓰기 딱 좋은 장소를 찾아가면 나아질까도 생각해 본다. 하지만 한적하고 분위기 있는 곳이라고 글이 잘 써지지는 않는다. 전쟁터 포탄이 떨어지는 속에서도 기자는 써야 할 글을 쓴다. 글 쓰는 명당자리란 글이 잘 써질 때 앉은 그 자리일지도 모른다.

　모든 순간과 모든 곳에서 오는 언어에 귀를 기울이고 손끝으로 써 내려가고 싶다. 그날의 공기, 지나가는 바람, 뒤에서 비치는 햇살, 저물어가는 달빛, 울고 있는 누군가, 이빨 빠진 이를 드러내는 웃음 속, 흰머리 한 가닥이 삐져나온 모자, 가벼운 깃털, 서걱이는 모래, 가볼 리 없는 깊은 바닷속 이야기 같은. 또, 밝은 글을 쓰고 싶다. 희망을 주고 웃음을 주는 그런 글이라면 좋겠다. 고민도 유쾌하게 풀어내고, 절망도 노련하게 받아치고, 이별도 성장통의 일부라고 슬프지 않게 우울하지 않게 글을 쓰고 싶다.

그런데 언제부터인가, 글 쓰는 나를 밀어내고 있다. 글을 쓸 시간이 없는 게 아니라 안 쓰고 있다. 몰입하기가 두렵다. 잠을 아끼고 힘을 쥐어짜내어 마음에 꽉 들어찬 문장을 만들어 내는 것이, 때로는 두렵다. 에너지를 적절히 배분할 지혜가 떨어졌다. 부담스럽기도 하다. 어떤 문장도 완벽할 수는 없는데 나는 완전무결함을 꿈꾸기에 부담은 배가 된다.

글에 대한 열망이 바닥을 치고 있지만 완전히 사라지지는 않았다. 저 밑바닥에서 아직 떠오르지 않았을 뿐이다. 그래도 저기 밑에 있긴 있는 것도 같다. 다행이라고 해야 하나, 불행의 시작이라고 해야 하나. 이 상황을 어떻게 정리해야 할지 잘 모르겠다.

다시 눈을 감는다. 조용하다. 침묵도 언어다. 고요함도 시다. 그리 생각하니 마음이, 좋다.

훌륭해서 쓴 게 아니라

훌륭한 사람만이 글을 쓰는 건 아니다. 나도 글을 썼다.
훌륭해서 쓴 게 아니라 좋은 사람이 되고 싶어서 글을 썼다.
하지만 글을 쓰다 보면 마음이 옹졸해진 나를 발견할 때가 있다. 얼굴 보면서는 하지도 못할 말들을 글로써 내뱉고 몇 가지 감성을 버무리며 이건 하소연이 아니라고 변명을 한다. 또 세상 고민을 혼자 다 짊어지고 마치 나만 제정신으로 판단하는 사람처럼 포장을 한다. 그런 글에 감사하게도 속이 시원하다고 박수를 쳐 주는 사람들은 대부분 나와 직접적으로 관련이 없는 사람들이다. 글을 쓸 때 아무래도 주변 사람들을 떠올리면서 경험한 걸 쓸 수밖에 없는데, 혼자 생각한 걸 글로 표현해내면 더 이상 혼자만의 생각이 아닌 거다. 밖으로 표출된 내 언어들이 타인의 눈에, 생각에 어떻게 자리 잡게 되는지를 생각하면서 써야 된다.

타인의 시선을 생각하지 않을 수 없는 이 길에 잠시 숟가락을 얹었다. 어떤 시선을 잘 받아들일 수 없다면 글을 쓰고 보이는 것에 다시 고민을 해 봐야 한다. 나를 가장 잘 아는 사람은 나다. 외면당하고 비난받고 쓴 소리 들으면 쉽게 와르르 무너져버린다. 그래도 쓰고 싶은 마음이 든다면 말릴 수는 없겠지만, 난 아직 갈 길이 멀다. 나를 봐야한다. 뿌리 깊은 열등감이나 잡초 같은 잡념이나 가시 같은 분노를 품고서는 세상을 표현할 수 없다. 넓은 시각을 가지고 너그럽게 여유롭게 글을 쓰고 싶었는데 생각보다 훨씬 더 어려운 것 같다.

어떤 글을 쓰다가 지웠다. 그러기를 여러 차례. 겁이 났다. 글과 친구가 되고 싶은데 글을 이용해 타인을 평가하고 비난하는 도구로 사용하게 된다면 멈추는 게 답이다.

  글을 멈추고 책을 읽었다. 요리 비법, 여행, 뷰티, 음악과 관련된 책들이다. 사람과 연관되지 않는 건 아니지만 주어는 사람이 아니다. 그래서 좀 편안했다. 다짐을 해도 결국 사람 사는 이야기들을 할 수밖에 없어서, 잘 될지는 모르겠지만 우선 사람의 이야기들을 내 글에서 빼 보려고 한다.

내 언어가 있어야 한다

⋮

남의 말을 빌어서 하는 건 잠깐 멋은 있으나 공허하다.
내 언어가 있어야 한다.

이미 내뱉은 말과 아직 나오지 않은 말을 떠올려 보자. 진짜 내가 하고 싶은 말은 무엇이었는지 생각해 보자. 자기 말을 할 수 있는 사람, 나만의 언어, 내게 어울리고 내가 쓰기에 편안한 단어, 그냥 말해도 상대를 이해시키는 언어, 공감 받는 언어를 고민해야 한다.

글 밥상에 실속 없이 숟가락만 잔뜩 올려놓았다. 맹물에 영양가 높은 자음과 모음들을 넣고 휘휘 저어 간을 해서 맛좋은 냄새도 풍기고 보기에도 좋은 글로 한상 차려내고 싶은데 참 어렵다.

난 원래 요리에 소질이 없다. 아무거나 숭덩숭덩 썰어 풍덩풍덩 집어넣고 마구마구 휘저어서 대충 맛보고 허기는 면하겠다 싶으면 그걸로 만족하는 사람이다. 그러니 글도 아직은 제맛이 날 리가 없다. 비법서라도 읽어야 하는데 자꾸만 안 되는 핑계만 걷어 올린다. 글쓰기를 아무도 강요하지 않으나 멈추면 다시 시작할 것이 어려운 나라는 걸 누구보다 잘 알고 있다. 이런 어려운 일을 다들 어떻게 해내고 있는 걸까. 대단하다.

쓸 것이 넘쳐흘렀던 적도 있었다. 보이는 모든 사물은 모두 이야깃거리가 됐고 느껴지는 감정마다 표현했고, 만나는 상대마다 내 글의 주인공으로 만들었다. 사소한 이야기라도 귀 기울여 썼다. 꿈을 꾸고 나서도 잊어버리기 아까워서 뭐라도 쓰고는 했다. 그렇게 하루에 몇 자라도 술술 써 내려갔건만, 이제는 아무것도 떠오르지 않는다. 그런 나를 솔직하게 인정하며 길을 나섰다.

터벅터벅 길을 걷는다. 어디 떨어진 단어 하나 주워 볼까 싶어 고개를 숙이고 두리번거린다. 풀 한 포기, 꽃 한 송이, 바람 한 자락, 따스한 햇살, 파란 하늘, 뭉게구름 등 아는 단어들만 둥실둥실 떠다닌다. 아무도 주워 가지 않는 언어들도 가방에 넣어 본다. 그만큼 절실해졌다. 저녁까지 길을 걸었다. 해를 밀어내고 달이 입맛을 다시며 나를 삼킬 듯 반만 머리를 들이민다. 잡아먹혀 줄 테니 글을 내려 다오. 답이 없다. 그럼 그렇지. 주섬주섬 모아놓은 단어들만 덜거덕거리며 가방 속을 굴러다닌다. 오늘도 수확이 없다.

몇 개 되지는 않지만 일단 주워 온 단어를 꺼냈다. 일상 속에서 언제든 볼 수 있는 단어들이다. 이걸로 뭘 할까 싶다. 어쩌면 좋을까, 뭘 어떻게 써야 할까, 한숨부터 나온다. 쓰기 편하게 정렬이라도 되어 있으면 좋으련만 메모되어 있는 단어들은 작은 지면 안에서도 교묘히 숨바꼭질을 하고 있다. 낯선 익숙함, 행복한 당황, 날씬한 배부름, 침묵의 수다, 새롭고 두려운, 해 지는 밤 풍경, 나인 듯 아닌 듯. 사랑할 수밖에 없는 한 조각 풍경을 글로 담아내기에 내 문장은 아직 미흡하다.

글을 써 보겠다고 마음먹은 순간부터 어떤 글을 써야 할지에 대한 고민을 놓친 적은 없다. 그런데 무슨 고집인지, 정식으로 배우고자 시간을 들이지는 않았다. 배운다고 이론대로 써지는 건 아니지만, 이런 고집스러움이 결국 나를 나락으로 빠지게 할지도 모른다. 아무것도 쓰지 못하는 사람이 될 수도 있다. 글을 잘 쓸 수 있게 해 주는 방법들은 많은 것 같다. 마음만 먹으면 배울 기회도 많다. 그런데, 과제처럼 하다 보면 거기에 얽매여 있게 되어 내 수줍은 언어들은 결국 갈 길을 잃고 방황하다가 소멸될 것이다. 내 글에서 내가 보여야 하는데, 타인의 시선에 끼워 맞춘 글을 쓰게 될까봐 두렵다. 글도 사람 얼굴과 같아서 모두 다르고, 개성이 드러나야 읽을 맛이 날 것이다. 버틸 수 있을 만큼은 버텨 보려고 한다.

책상 앞에 앉았다. 컴퓨터를 보고 모니터를 뚫어지게 보고 있다. 갑자기 나는 누구인가부터 의문이 들었다. 글 쓰는 걸로 먹고사는 건 아니잖아, 하고 속으로 생각하다가 화들짝 놀란다. 비겁하게 변명하고 있다. 와, 기분이 쓰레기 같다. 머리를 최대한 쥐어짜고 용을 쓰니 명사, 형용사, 부사, 조사들이 하얀 지면에서 어찌됐던 자리를 잡아갔다. 하지만 마음에 들지 않아 결국 종이를 찢었다. 실컷 써 놓은 것들을 볼펜으로 새까맣게 묻어 버렸다. 난 그만 수치심에 얼굴을 파묻고 엉엉 울었다. 내 눈물이 지면에 닿자 깊이 묻혀 있던 언어들이 일어섰다.

"울지 마."

눈물이 종이 위로 올라왔고 이내 슬픔이 따라왔다. 분노와 짜증이 순간 날카롭게 칼을 들었지만 위로가 막아섰다.

"그럴 때도 있지."

공감이 다가와 나를 가만히 안아 주었다.

"네가 지금 흘리는 눈물이 나는 고마워. 넌 아무것도 하지 않는 게 아니야. 오늘도 넌 우리를 찾으러 길을 나섰잖아. 우린 어디에든 있어. 다만 너무도 가까이 있기에 소중하게 생각하지 않는 게 문제지. 거기에 네 생각이 조금이라도 들어가면 우리는 똑같은 뜻을 품더라도 다른 모습으로 자랄 거야. 우리는 무질서하지만, 네가 펜을 들어 우리를 부를 때, 우린 시가 되고 소실이 되고, 하나의 장르로 자리 잡게 될 거야. 물론 우리를 쓰는 네게 불만이 없진 않아. 좀 잘 다뤄 달라고 하고 싶어. 자꾸 이상하고 낯선 언어들이나 남의 이야기들이 불청객처럼 비집고 들어오면 우린 점점 존재감을 잃어. 우리를 아무렇게나 취급하지 말아 줘. 버리지도 말고 포기하지도 말고."

공감의 말에 나는 고개를 들었다. 용기가 나를 일으켜 세웠다. 마음이 따뜻해져 왔고 손에 힘이 생겼다. 저 멀리서 지켜보던 '나의 언어'가 천천히 다가왔다.

"놓치기 쉬운 것을 발견하고 끝내 이 세계로 끌어와 동화시키는 것. 그게 너야. 나는 널 믿어. 다른 사람들에게 나를 맡기지 마. 너를 닮은 나를 잘 품어주고 아껴 줘."

누군가 그랬다. 앵무새처럼 흉내만 내지 말고, 좋은 말만 하려고 하지 말고, 비판과 비난만 늘어놓지 말고, 늘 걸어가던 길 위에서도 발견한 작은 것에도 감탄할 줄 알며, 실컷 고뇌하고 짧게 답할 수 있는 딱 한마디라도 네 언어를 쓰라고.

눈물을 닦고, 오늘 화해한 내 언어들과 함께 다시 길을 나서야겠다. 천천히 걸으며 이토록 아름답게 끌어안은 우리를 어디서든 꼭 자랑하고 싶다.

간호사, 쓰다

나는 그들을 도와야 한다

아무것도 아니다

이만하면 됐다

사표를 냈다

탓하지 말고, 대가를 바라지 말고

솔직히 믿고 싶었다

"오늘, 어땠어요?"

변화는 쉽지 않다

무엇을 걸어도 잘 어울리는 사람이 되고 싶어서요

"도와줘."라고 하지 말고 "이거 해."라고 이야기해

"제가 이 일이 맞지 않는 걸까요?"

괜찮니?

이런 개나리 식빵!

나도 행복해지고 싶다

꽃을 바라보듯이, 그대를

나는 그들을 도와야 한다

오늘 한 보호자분께서 하신 말 중에 뭔가 느낌이 이상해서 몇 마디 더 여쭤 봤더니 오열을 하시며 숨겨진 가족사를 이야기해 주셨다. 그동안 가족에게도 친구에게도 털어놓지 못하게 함구령이 내려진 비밀의 문을 내가 열어 버린 것이다. 두 분 중 한 분은 위로나 동정 따위 필요 없다며 '아' 소리도 내지 않은 내게 화를 내셨고 한 분은 20년간 묵힌 눈물을 처음 터트렸다며 고마워하셨다. 무게감이 상당한 이야기였고 내게 화를 내던 분조차 결국 코를 훌쩍이며 자리를 떠나지 못하셨다. 상담을 하면서는 감정을 드러내거나 울면 안 되는데 그 이야기 앞에서는 내가 어떤 표정을 지었는지 기억이 안 날 정도였다. 이걸 어쩌나. 이분들을 어쩌나. 그 무거운 자물쇠를 풀은 대가로 그분들이 가신 뒤에도 한참이나 멍하게 있었다. 풀어놓고 제대로 닫아 드리지 못하면 안 하느니만 못한 상담이 되는지라 다음 상담일을 서둘러 예약해 드리고 입원 병동으로 환자분을 보러 갔다.

"아까... 제가 안 해도 되는 이야기를 하지는 않았나요? 그런 것 같아서요."

환자분의 눈빛이 너무 슬퍼 보였다. 그렇지 않다고, 상담할 내용을 잘 준비해 오셨다고 하니 영문도 모른 채 오늘은 잠을 잘 잘 수 있을 것 같다 하셨다.

누구에게도 말하지 못할 비밀을 20년간 끌어안고 사셨던 분과 그분의 부모님. 한 번쯤은 제대로 터트리도록 도와드려야 할 것 같다. 전략이 필요하다. 머리가 터질 것 같다. 마음은 온통 엉켜 버렸다. 그렇지만 같이 얽히면 도울 수가 없다. 심호흡을 하고 눈을 감고 잠깐 서 있어 보려 한다. 왜 하필 이 시점에, 나에게, 그 무거움을 선사하셨는지 돌이켜 보기로 한다. 결국, 때가 된 것이다. 그 자리에 내가 서 있었고.

진부한 방식으로 고백하자면, 나는 정신과 간호사, 정확히는 정신건강간호사고 주로 사례 관리와 상담, 프로그램 기획과 실행, 교육을 담당하며 직책도 있다.

상담을 하게 되면 많은 분들의 가슴 아픈 사연을 알게 된다. 들어주기를 원하는 분들도 계시지만, 3-4년 후가 지나야 겨우 입을 떼는 분도 계신다. 마음을 열게 한다는 건 시간이 걸리는 일이다. 허투루 할 수 일도 아니고, 기법을 안다고 해도 모두 적용할 수 있는 것도 아니다. 그저 기다림이다. 옆에 있는 것이다.

어떤 방식으로든 **나는 그들을 도와야 한다.**

최선을 다해서.

아무것도 아니다

⋮

식어 버린 오징어짬뽕 컵라면의 국물을 들이키며 발표 자료를 들여다보고 있는데, 문득 오늘 동료와 나눴던 이야기가 떠올랐다. 해도 끝이 없는 이 일이 이제는 재미가 없다는 거. 시간이 지나면 익숙해질 법도 한, 때 되면 오는 이 슬럼프가 전혀 익숙해지지 않는다는 거. 머리가 아프고 손발이 차져도 내일 폭풍처럼 밀려올 짐을 덜고자 약 먹어 가며 버틴 후 끝내 해내고야 마는 거. 약한 모습 보이지 않기 위해 차에서 내리지도 못하고 구석자리 찾아 주차한 차 안에서 실컷 울고 들어간다는 거. 이런 거 하나도 재미없다고 했다. 힘내라고 말해 주며 토닥이고 왔는데, 나 또한 불어 터진 라면 한 줄기에 목이 메 버렸다. 괜찮다고, 이건 아무것도 아닌 거라고 꿀꺽 울음을 삼기고 라면 국물도 삼켰다.

아무것도 아니다.

이건 아무것도 아니고 지나갈 거고, 집에 가고 싶고. 배부르니 졸리고. 그렇게 정신은 희미해져 가고 있다.

이만하면 됐다

하루가 채워지기보단 비워지고 털리기만 했다. 눈 한 번 깜박하고 숨 한 번 내쉬니 어느새 퇴근 시간이 되었다. 내가 오늘 숨은 쉬고 살았는지조차 잊었다면 유난스럽다 하겠지만 어차피 믿으라고 한 말도 아니다. 퇴근만 할라치면 희한하게 귀신같이 전화벨이 울려댄다. 받을까 말까 망설이기도 전에 손이 먼저 간다. 몹쓸 놈의 습관이 사람 버려 놨다. 누굴 탓하랴. 한 시간은 그럭저럭 버틸 만했다. 그러나 도무지 전화를 끊을 생각이 없는 보호자분의 목소리가 슬슬 소음으로 느껴졌다. 했던 말을 대체 몇 번이나 반복하는 건가 싶어 내 안의 분노가 엄한 곳에 닿기 전에 "못다 하신 이야기는 내일 ○○시에 다시 듣도록 하겠습니다."라며 정중히 수화기를 내려놓았다. 아쉬움 가득한 보호자는 끝까지 수화기를 내려놓지 못할 테지. 걱정이 많으실 테지. 내가 너무 매몰찼던 건 아닐까? 내가 너무….

아니,

이만하면 됐다.

그래도 해가 버티고 있고 창문 열고 운전할 수 있게 선선한 바람마저 불어오고 있다.

집에 가도 된다. 허락했다. 내가.

사표를 냈다

:

　감당이 안 될 정도의 비난을 들었다. 내가 좌충우돌 정신도 못 차리고 눈이 다른 곳에 가 있느라 팀원들을 공부시키지도 않는다며 그럴 거면 나가라고 했다. 완벽하지는 않아도 일을 소홀히 한 적은 없었다고 자부했고, 그따위로 나를 평가한다는 게 치욕스러웠다. 고만고만하게 일하는 월급 루팡들은 놔두고 왜 나에게만 이렇게 가혹할까 싶었다. 울고 싶지 않았지만 며칠 내내 눈물이 멈추지 않았다. 당시 회의 자리에 함께 있었던 사람들은 그때 왜 자리를 박차고 나가지 않았냐며 우스갯소리로 내게 묻기도 하고, 아직도 회자되고 있다.

　오랜 직장 생활에, 싫은 소리를 듣는 것쯤은 이골이 나 있었지만 아직도 그 일이 회자되고 마음에 남아 있는 이유는, 방식의 문제였기 때문이었다. 출처도 명확치 않고, 누군가의 입을 통해 전해진, 있지도 않은 일에 대한 오해가 있었다. 오해라 쳐도 근무 외 시간까지 간섭받아야 할 일인가 싶은 황당함도 따라왔다. 그리고 무엇보다 많은 사람들 앞에서 대단한 죄라도 지은 사람처럼 몰아세운 그 방식에 나는 버티다가 끝내 와르르 무너졌다. 그리고 그 일은 나를 오랫동안 괴롭혔다. 나 이외에는 진실에 관심이 없었다. 이야기꾼들의 먹잇감이 되었고 그들은 말로는 위로를 전하나 눈으로는 웃고 있었다.

　사표를 냈다. 이사, 수술, 결혼 등의 생의 큰 숙제로 인한 사표 외에 있지도 않은 일로 오해를 받아 자존감이 뭉개져서 낸 것은 처음이었다. 사표는 반려되었다. 많은 이들이 걱정해 줬다. 내가 어떤 길을 걸어왔는지 아는 사람들은 나보다 더 나를 위로해 주며 혹여나 잘못된 선택이었을까 봐 전전긍긍했다. 하지만 난 순간적인 화를 참지 못해 낸 사표가 아니었다. 그래도 사표를 낸 뒤에 나를 돌아보고 또 돌아봤다. 무의식을 보라기에 보고 또 봤다. 직장을 다니기 시작하면서부터 좋은 것보다는 어려운 걸 선택했고, 쉬운 것보다는 도전하는 걸 선택했던 나였다. 때로는 스스로 시험에 들게 해놓고 하늘만 원망하는 모자란 인간이기도 했다. 그렇게 걸어온 길이었기에 지금의 이 선택도 가히 나쁘지 않을 것 같다는 생각을 했다. 책상을 정리하고 파일을 정리하고 내 발자취를 하나씩 돌아봤다. 마음이 뭉개졌다. 난 알고 있었다. 난 당당한 퇴사를 선택을 한 것이 아니라 내가 사랑하는 모든 것에 대한 가치를 포기를 했던 거였다. 포기하는 나를 들여다보니 정신이 번쩍 들었다. 다시 시작해 보기로 했다. 떠나고자 마음먹은 후 다시 시작하는 걸, 누군가들은 내가 도태되고 안주하는 것처럼 보인다고도 했다. 다른 곳에서 새로 시작할 수 있다고 부추기는 사람들도 많았다. 어쩔 때는 나 스스로 이런 억울함조차도 용납할 수 없어 완전무결한 나를 보여주고 말겠다, 가장 좋고 완벽할 때 사라져서 나를 놓친 걸 후회하게 해 주겠다 싶었다.

  시간이 많이 흐르긴 했지만, 나는 아직도 그때를 떠올리면 마음이 아프다. 가차 없이 베어 버리는 말에 받은 상처는 두고두고 짐스럽다. 벗을 수 없는 무거운 짐, 마음의 짐이 사라져야 살아지는 건데, 나쁜 기억에서 벗어나려 부단히 노력했다. 그 일은 나를 성장시키려고 한 누군가의 악수(惡手)였다고 믿고 싶다. 굳이 그렇게까지 했어야 하나 싶었던 사람을 한때는 많이 원망했지만 지금은 더는 그러지 않는다. 그 일이 터닝 포인트가 되어 나의 정체성을 바로 세울 수 있었던 것도 사실이기 때문이다. 그리고 여기까지 왔다.

일에 대한 권태기가 한 번씩 찾아온다. 난 언제까지 이 일을 할까. 아이가 고등학교 졸업할 때까지만 다니겠다던 선배들이 아이가 결혼하고 안정될 때까지라고 자꾸 은퇴 시기를 미루는 걸 봤다. 또 일하던 사람은 계속 일하지 않으면 오히려 빨리 늙는다더라, 몸이 아프다더라 하며 주변에서도 은근히 나의 노동의 합리적 근거를 들이민다. 익숙한 일을 꾸준히 하며 장인 정신을 발휘하는 것도 좋겠지만 과연 이 길만이 다일까 싶다. 때문에 언제고 일을 그만둘 준비도 해야겠단 생각이 최근 들어서 슬금슬금 마음 한편을 비집고 들어온다.

　퇴직 후에는 그저 유유자적 쉴 건지 새로운 걸 시도할지 결정하진 못했다. 쉼도, 새로운 도전도 너무 나이 들어서 시작하고 싶진 않다. 그래서 고심 끝에 드디어 디데이를 정했다. 인간관계 때문도 아니고 일이 힘들어서도 아닌 그저 내가 이만큼이면 됐다고 싶은 나이를 정해 버렸다. 이렇게 정해놓으니 하루하루가 소중해지고 허투로 일해서는 안 되겠다는 생각이 든다. 때문에 가능한 한 난 내 일에 열중하려고 하고 있다. 뭘 하든 내가 원하는 것을 할 거다. 예전의 나를 버리고 나쁜 기억은 덜어내고 내 삶을 살아 내려고 마음먹었다. 내가 좋아서 하는 일에는 후회나 포기는 없다. 좋아하는 일을 실컷 하다가 후련한 마음으로 떠나는 게 내 목표가 되었다. 그러기 위해서는 세상을 품는 공부, 나를 들여다보는 공부, 세상과 더불어 사는 공부를 해야 한다. 인문학적 지식과 자비와 온정을 가지고 나아갈 바를 모색하는 그런 사람으로 거듭나기 위해서 난 죽어라 또 공부해야 할 것 같다.

탓하지 말고, 대가를 바라지 말고

"우리가 하는 일이 인류를 구하는 일은 아니지만 흩어진 마음을 모으고 살아 숨 쉬는 걸 소중하게 여기게 하면 되는 거야. 살아 있기에 또 시작할 수 있음을 알게 해 주는 일인거지. 안전하게 해 주고 일상을 이야기하며 자연스럽게 상처를 이야기 할 수 있게 해 주고 나눌 수 있는 마음을 갖게 해주는 것이 우리 할 일이야."

아는 길이지만 그래도 발걸음이 무거울 때, 다른 길로 새고 싶을 때, 포기하고 싶을 때 스승님을 찾아간다. 아무 말 하지 않고 한두 시간 머무르다 오기만 해도 에너지를 받는 느낌이 든다. 교수님은 내게 다가오는 사람들은 누구라도 소중하게 여기라셨다.

그들을 "탓하지 말고, 대가를 바라지 말고", "친절하기, 따뜻한 밥 같이 먹기"를 실천하라고 하셨다.

이제는 나이가 차고 어른의 흉내를 내야 하는 나는 겁이 난다고 하니 지금부터는 펼치기보다는 정리해서 내향화시키는 과정에 들어가야 한다고 하셨다. 또 나와 타협하되 잘 알아차리고 무엇을 원하는지에 대한 질문만이 중요하다고 하셨다. 이게 무엇에 쓰일 건지, 무엇에 좋은지는 다른 사람들이 평가하게 내버려 두라고 하셨다.

주옥같은 말씀 한마디에 밑줄 치고 별표를 하고 싶은 심정으로 머릿속에 저장하고 마음에 새기고 왔다. 문제를 안고 가면 항상 과제를 더 내주시는 분이었고 그날도 마찬가지였다. 한 번에 실행하기에는 어려운 거지만 나침반 하나 얻어 방향을 잃지 않고 가게 된다. 그래서 난 또, 괜찮아졌다.

솔직히 믿고 싶었다

⋮

"당신의 통장에는 조만간 8조가 입금될 것입니다. 황당하게 들리겠지만 이는 사실입니다."라며 살기를 두려워 말고 매사 당당해지라고 누군가 말해주셨다. 물론 이는 사실이 절대 아니다. 이 말은 자신이 천상계의 두 번째 지존이라고 믿고 계신 분의 말씀이다. 그분은 마치 하늘에서 소리가 들리고 그걸 통역하듯 고개를 연신 끄덕여가며 내게 이런 예언을 해주셨다.

나, 솔직히 믿고 싶었다.

8천만 원도 아니고 8억도 아니고 8조란다. 황당하지만 갑자기 마음이 풍요로워지고 너그러워졌다. 업무를 마치고 아이 학원비를 내기 위해 인터넷뱅킹을 했다. 8조의 글씨는 없었다. 하지만 8초간의 여유로움과 행복을 얻었으니 그걸로 됐다. 조만간이랬는데 조급했던 나머지 내가 너무 빨리 확인한 건가? 8일간은 행복을 누리련다. 마치 로또 복권을 산 것처럼.

내일은 내게 또 어떤 귀여운 예언을 해 주실까?

"오늘, 어땠어요?"

⋮

"혼자 남겨지면 어떻게 살아가야 할지 막막해요."

정신 장애를 가진 당사자분들에게서 자주 듣는 말 중의 하나이다. 그들은 남들이 듣지 못하는 소리를 듣고 남들이 보지 못하는 것을 보기도 하며 기괴한 생각들이나 피해적인 생각에 사로잡혀 세상에서 스스로를 단절시키며 방에서 불안에 떨고 있는 경우가 대부분이다. 이런 분들의 회복을 돕는다는 건 꽤 긴 시간을 공들여야 하는 일이다. 그분들은 타인을 함부로 믿지 못하며 때로는 정해진 규칙에 따라 행동해야 하고 감정 기복으로 어제와 오늘이 다르며 무엇보다 스스로가 문제가 있다는 인식을 하기가 어렵다. 때문에 이런 분들에게 지레 지쳐, 함께하고자 하는 동료들은 수십 차례 바뀌기도 한다. 나는 때로는 홀로 버텨가기도 하고 새로 합류한 동료들과 머리를 싸매고 옳은 방향으로 가고 있는지 돌다리를 백 번도 넘게 두들겨 가며 천천히 한걸음씩 가고 있다.

그러나 당사자 분은 자신의 고통뿐만 아니라 세상의 편견과도 싸워야 하는 이중고를 겪어 내야 하기에 갑자기 무너지기도 한다. 세상은 변하고 있지만 이들의 세상은 여전히 더디게 흘러가고 있고 오히려 변화를 멈추거나 뒤로 가기도 한다. 그런 상황을 조금이라도 나아지게 해드리고 싶다. 통증을 완화시키거나 상처를 꿰매는 일이 아니라 삶 자체를 이해하고 의미를 해석해야 하는 부단한 노력이 들어가는 일이다. 하지만 이런 노력들을 과장되거나 거창하게 표현하고 싶지는 않다.

주말인 오늘, 어김없이 당사자분께 문자가 왔다. 파란 하늘을 찍어 보내주셨다. 그분은 홀로 남겨질 것이 두렵기는 하지만, 용기를 내서 밖으로 걸음을 옮기려고 노력하는 분이다. 불안하거나 우울하다는 하소연은 하나도 없다. 그저 '나, 잘 있어요'라는 이야기를 해 주신다. 솔직히 난 그분의 심정을 잘 모른다. 안다는 것 자체가 오만한 일이다. 이 사진을 함께 들여다봐 주는 것, 따뜻한 안부 한마디 물어보는 것만이 지금 내가 해 줄 수 있는 유일한 위로다.

"오늘, 어땠어요?"

변화는 쉽지 않다

상담을 하면 가슴이 먹먹해지거나 답답해지는 일이 생긴다. 오늘도 그랬다. 감당할 수 없는 일에 대해 자신을 탓하는 사람들이 많다. 그러나 정작 해결책을 제시하며 변화를 시도할 방법을 제시하면 그때부터 남 탓을 하기 시작한다.

"사실은 말이죠.... 제가 그 생각을 하지 않은 건 아니고요. 저는 노력했지만, 그 사람이 문제예요. 저는 할 만큼 했다고요. 아니면 그렇게 잘 아는 당신이 해 보시던가요."

라며 변화의 길목에서 빠져나갈 궁리를 한다. 너무나 당연한 반응이다.

변화는 쉽지 않다.

그 누구에게도. 문제를 직접 해결하고자 하는 용감한 사람들도 처음에는 두려워서 보이지 않는 투명 다리 위로 발을 뻗어 낭떠러지를 건너는 기분이 들 것이다. 온몸이 떨리고 식은땀이 나며 입이 바짝 마른 상태로 조심조심 나아가서 건너편 나무에 희망의 밧줄을 연결시키는 건 결코 쉽지 않다. 하지만 누군가는 해내야 한다.

특히 자녀를 키우는 부모의 입장에서는 감당하기 힘든 경우는 숱하게 생긴다. 그럴 때마다 세상없는 용기를 내야 한다. 모두가 처음인 이 삶에서 나만 믿고 태어난 아이들을 위해서는 마치 신이라도 된 것처럼 성큼성큼 나아가서 버티고 서 있어줘야 한다. 건너편에서 같이 손을 잡고 바들바들 떨고 있으면 둘 다 낭떠러지로 떨어진다. 어쩌면 아이들은 힘 센 적에게 돌아서서 부모를 밀쳐내고 썩은 나무 기둥에 기대어 서 있다가 결국 파국을 경험할지도 모른다. 유연하면서도 중심이 흔들리지 않는 버팀목으로 서려면 상호 신뢰와 사랑이 바탕이 되어야 한다. 먹을 것을 주고, 돈으로 해결하는 것만이 능사가 아니다.

다음 세대를 바르게 키워내는 일은 이처럼 삶의 형벌이자 최고로 가치 있는 사랑의 실천이다.

무엇을 걸어도 잘 어울리는 사람이 되고 싶어서요

"선생님. 타투 해 드릴까요?"
상담을 끝내고 일어서려는데 어린 환자가 불쑥 말을 걸었다.
"어떻게?"
"볼펜으로요."
"그래. 뭘 그릴 거야?"
"비밀이에요."

최대한 무심한 듯 나도 불쑥 팔을 내밀었다. 너무 많은 관심은 오히려 어린 환자에게 불안을 야기할 수도 있어서였다. 작은 목소리였지만, 말을 거는 용기를 낸 어린 환자가 고마웠다. 게다가 타투라니.

내 팔목인데도 그 어린 환자는 자신의 온몸을 웅크려 내가 못 보게 막고는 열심히, 그러나 금방 쓱쓱 그렸고 난 간질간질해서 몸을 움츠렸다. 다 그린 뒤 내 눈치를 쓱 보며 내 팔목을 내주었다.

"옷걸이네. 왜?"

"**무엇을 걸어도 잘 어울리는 사람이 되고 싶어서요. 선생님도 그러시라고요.**"

살짝 봤더니 아이의 팔목에도 똑같은 볼펜 문신이 그려져 있었다. 아이에게 씌워진 무거운 굴레를 알기에 고맙다고 말하고 머리를 쓰다듬어 줬다. 아이는 만족해하며 돌아갔고, 가기 전에 오늘만은 부디 씻지 말라는 어려운 부탁을 해서 최대한 팔목만은 씻지 않았다.

"도와줘."라고 하지 말고 "이거 해."라고 이야기해

일을 하다 보면 도움을 청해야 할 때가 있다. 그런데 주변을 둘러보면 모두 제 할 일을 하고 있느라 선뜻 말을 꺼내기가 어렵다. 그러면 내가 전에 어떤 사람을 도와준 적은 없는지 떠올리게 된다. 나도 도와줬으니 한 번쯤은 은혜를 갚겠지 하고 한마디 꺼내면 망설임도 없이 거절한다. 이유는 매우 다양하지만 어쨌든 반박할 수 없는 그들만의 고유 업무가 있다니 쉽게 원망할 수도 없다.

하지만 이 한 번의 거절은 큰 상처가 된다. 때문에 다시는, 절대로, 영원히 타인을 돕는 일 따위 하지 않겠노라 맹세를 한다. 누가 신경이나 쓰겠냐마는 혼자서 결의를 다지고 냉정한 표정을 지어 가며 철벽을 쳐 보기도 한다.

그런데 이상하게도 어떤 사람들은 너무 쉽게 도움을 청한다. 누가 바쁘건 말건, 자신의 일을 해내기 위해서는 무작정 들이민다. 너무 당연한 듯이 말할 때에는 진짜 도와주지 않으면 나만 나쁜 사람이 되는 것 같아 보인다. 심지어 진짜 그렇게 몰아가기도 한다. 또 어떤 사람들은 도움도 청하지 않고 대부분의 것들을 스스로 해내기도 한다. 그런 사람들은 다른 사람을 잘 돕지도 않는다. 일이라는 게 매번 타인을 의지할 수는 없지만 그렇다고 온전히 혼자서 해낼 수 있는 일들만 생기는 것도 아닌데 공유하는 것을 철저히 차단하기도 한다.

기대를 안 하고 살아야 하는 건지, 아니면 용기를 내야 하는 건지 구분하기 어려웠다. 내가 문제인 건지 다른 이들이 싸가지가 없는 건지 알고 싶었다. 그래서 지인에게 한번은 조언을 구했다.

지인은, **"도와줘."라고 하지 말고 "이거 해."라고 이야기해 보란다.**

사람들은 약한 모습을 보이는 자들에게는 핑계를 대지만 단호하고 권위를 세우는 사람에게는 이상하게도 더 굴복하며 안 해도 되는 일까지 오버하며 한다는 거다. 그리고 고맙다거나 미안하지만이라는 말은 아끼란다. 나 잘했지, 라고 칭찬을 원할 때는 쳐다보지 말고 그저 침묵하며 모니터를 보고 있으란다. 그럼 혹 자신이 최선을 다하지 않은 건 아닌가 하고 외려 스스로를 돌아보기까지 하며 겁을 먹는단다. 쉽게 칭찬하지 말고 도움을 청하는 게 아닌, 일로써 시키는 것처럼 해 보라고 한다. 그리고 엉덩이는 무겁게 하고 타인에게 무슨 일이 일어나든지 말든지 그저 가만히 있어 보란다. 괜스레 선의를 베풀고 다른 사람이 내 마음 같지 않은 것에 상처받고 쓸데없는 후회하느라 자신의 시간을 낭비하지 마란다.

뭔가 맞는 말 같기도 하고 아닌 것 같기도 했다. 그래서 그냥 내가 편한 대로 살기로 했다.

"이거 해."라고 말하기엔 내가 사람을 믿지 못하는 이유도 있다. 내가 하는 일을 조금 도와달라는 게 더 편하다. 일을 맡겼다가 실수하는 걸 수습하는 시간이 더 오래 걸릴 때가 많았다. 어쩌면 타인의 실수를 용납하지 못하는 못된 마음을 서운함으로 포장하고 있지는 않았을까. 이처럼 머리 아프게 따지지 않아도, 묻지 않아도 배려할 수 있는 꿈의 직장은 없는 건가?

"제가 이 일이 맞지 않는 걸까요?"

:

　융통성이 부족하고 변하기 쉽지 않아 지금 하는 일에 대해 다시 고민해 보라는 말을 어디선가 듣고 내게 보내진 사람이 있었다. 그간의 노력이 한순간에 무너짐과 동시에 정체성까지 고민하게 만들었다며 어쩔 바를 모르겠다고 떨리는 마음으로 주춤주춤 내 앞에 섰던 그 사람의 모습이 떠올려진다. 같은 집단 내에서조차 그 사람의 능력에 의구심을 품고 있어 실은 내게 평가를 부탁했고 그 사람은 내게 잔뜩 얼어붙은 채로 죄인처럼 서 있었다. 그런데 나는 오히려 그 모습에서 희망을 보았다. 내가 뭘 그리 잘못했냐며 두 눈 동그랗게 뜨고 될 대로 되라는 식이었다면 돌아볼 필요도 없었을 거다.

　"제가 이 일이 맞지 않는 걸까요?"
　대답 대신 손을 꼭 잡아줬다. 그랬더니 갑자기 그간의 설움을 한꺼번에 토해내듯 눈물샘이 터지고야 말았다. 자신의 두 손에 얼굴을 파묻고 엉엉 울기 시작한 사람의 등을 난 그저 토닥여줬다. 좀 진정이 된 뒤에 몇 마디 한 뒤 돌려보냈다. 사실 난 그때 내가 뭐라고 했는지 기억은 나지 않는다. 하지만 그 사람은 이후로 잘 버텨냈고, 일련의 과정을 마무리 짓는 오늘, 내게 인사를 하러 왔다. 그 어떤 말보다 그 때 울게 해 줘서, 우는 게 부끄럽지 않게 해줘서 감사하다고 했다. 나는 그걸로 됐다.
　누군가를 지도하고 성장시키는 멘토의 역할을 할 때 지칠 때가 많다. 내 일도 힘들고 같은 직역도 아닌 사람들을 집단에서 적응시키고 편 가르기 등의 못된 짓을 못하도록 신경 쓰는 건 여간 어려운 일이 아니다.

경험한 만큼 읽어낼 수 있는 타인의 삶을 기록하고, 분석하고, 설명하고, 교육하는 것 또한 결코 쉽지 않다. 그렇게 고생한 뒤 매해 이맘때쯤 과정을 끝낸 사람들에게 '덕분입니다'라는 뻔한 인사말을 듣는 것도 나쁘지 않고 어쩌면 당연히 들어야 될 말일 것 같다.

그래도 여태껏 들었던 감사 인사 중 최고의 말은 "당신 앞에서 눈물을 흘릴 수 있어 행복했습니다."라는 오늘의 감사 인사였다.

괜찮니?

■
■

　마음을 긁히고 찢긴 사람들을 다루기 위해 하는 쇼는 쉽다. 마치 점쟁이처럼 이리저리 해석해 주고 화려하게 장식을 해서 세상에 내보이는 건 참 쉽다. 그런데 그런 것일수록 뒷마무리는 허접하다. 이제야 일어서게 된 사람을 그저 내버려 두고 손 털고 가는 사람들이 대부분이다. 쇼하는 값은 단단히 받아내나 애프터서비스가 안 된다. 나도 때로는 쇼도 하고 싶다. 나도 힘드니까. 포장만 잘하면 될 때도 있으니까. 허나 만일 그런 지경까지 이른다면 난 더 이곳에 쓸모없는 사람이 되는 거다. 마음을 다루는 사람들은 쇼를 멈춰야 한다.

　상처 입은 사람들을 위해, 말하지 못하는 그들을 위해 진.심.을 다해 삶을 꽃피우게 한다는 마음으로 돌봐야 한다. 문제는 이런 일은 보이지 않는 피와도 같아서 잘해도 그리 티 나지 않는다. 그렇다고 멈춰서는 안 된다. 왜냐면 누구에게든 삶은 계속되니까. 한 번의 쇼로 끝나는 것이 아니니까.

　마음이 긁히면 보이지 않는 투명한 피가 흐른다. 피가 철철 흘러도 보이지 않기에 사람들은 웃고 있는 가면에 속는다. 그런데 가면 뒤에 울고 있는 진짜 표정을 읽어내고 보이지 않는 피를 알아보는 고수들이 있다.

　그들은 그저 "괜찮니?"라고 물어볼 뿐이다.

　그런데 그렇게 툭 던진 말 한마디에, 상처받은 자들은 그간의 아픔과 고통을 치유받는 경험을 한다. 고수들은 아프다고도 못하고 보이지 않는 피라도 굳이 더 감춰내려는 자의 무너진 표정을 잘 담아내어, 쓸데없는 감정은 버리게 하고 좋은 감정은 키우게 해서 강하게 만들어 낸다. 가면에 막혀 있는 입에서 우물거리고 웅웅거리는 게 아니라 가면을 벗어던지고 스스로 아프다고 이야기할 수 있게 만들어낸다. 오랜 시간 동안 사람을 이해하고자 노력한 자들만이 할 수 있는 일이다.

  나도 그런 고수들의 틈에 합류하고 싶었고 배우고 싶었다. 그 과정이 힘들어서 손등으로 눈물을 훔치는 일은 이제 놀랍지도 않다. 종아리에 근육이 뭉치고 베개에 머리가 닿자마자 곯아떨어지고, 눈뜨기가 무섭게 어느새 출근길 버스 창밖을 바라보는 생활도 어언 십수 년이다. 하지만 어렵다고 느껴져야 잘 하고 있다는 거라고 한다. 내 삶이 고단할수록 누군가의 삶이 윤택해진다. 누군가의 행복한 삶을 위해 오늘도 힘겨움을 선택한 나를 응원한다.

이런 개나리 식빵!!

:

    연초가 되면 직원 워크숍이 열린다. 연중행사이고 새로울 것도 없고 마땅한 대안도 없는 안건이 올라왔다. 퇴근 이후에 열리는 워크숍에 정신적인 피로도는 극에 달할 지경이었다. 딱히 할 말도 없고 웃고 싶지도 않았다. 주위를 둘러보니 비슷한 심정이기는 하나 아무렇지 않은 듯 즐거운 척하며 앉아 있는 걸 보니 답답해져 왔다.

    직원들의 어려움을 걱정해 주는 것처럼 잘도 포장하는 자, 정리를 못해서 제대로 의사 전달을 못하는 자, 관심도 없는 자, 눈치만 보는 자, 농담으로 넘기려는 자, 시종일관 뚱해 있는 자. 매해 같은 패턴이긴 하지만 그래도 내공이 있는 자들 덕분에 최대한 기지를 발휘해 1년 계획 및 집행에 대한 대안은 어느 정도로 마련을 했다. 문제는 결국 이 모든 것이 직원 개개인의 소진으로 연결됨에 대한 대책 마련은 어떻게 할 것인지에 대해서는 침묵이 길었다는 것이다.

    안건을 내는 사람도 어려운 이야기를 꺼내야 하는 것에 주저하고, 그런 것을 굳이 듣고 싶지 않아 하는 사람들은 목소리에 벌써 날이 서 있었다. 지금 여기 있는 사람들을 탓하기에는 그래도 버틴 자들은 훌륭하다며, 자리에 없는 주니어들의 미숙한 업무 태도에 대한 비난과 아쉬움으로 표현되었다. 쉬운 일은 없으며 사람을 다뤄 나가야 하는 일에 공식이 없는 것이고 선의를 위한 가치에 대해 이해하려 들지 않는 이유를 모르겠다고 했다.

    이에 대해 누군가는 문제를 회피하며 입을 다물었고 누군가는 힘들지만 보람된다며 듣기 좋은 말만 골라 하고 있었다. 짜증이 치밀었다. 우리도 힘들지 않은 건 아니면서, 힘들다고 말하지 않은 채 회의가 끝나면 자리에 돌아가서 토해낼 거면서 웃고만 있는 게 마음에 들지 않았다.

사회성 떨어지는 나는 결국 참지 못하고, 우리는 이미 올드하고 그걸 인정해야 한다고 했다. 올드한 우리는 이제 한 발자국 떨어져서 참신한 사람들이 이끄는 장을 마련해 줘야 하고 그들의 문화를 이해해야 한다고 했다. 그러자마자 어떤 이들은 그럼 그 장을 마련하는 기획을 맡겨 보라고 했다. 그래서 그들의 의견을 듣는 시간부터 마련해줘야 하는데 우리가 좋은 걸 정했으니 해 보라고 하는 건 다시 일을 가중시키는 거라고 다시 의견을 냈다. 그런 내게 후배 눈치를 제일 많이 보는 것 같다는 식의 반응이 나왔다. 눈치가 아니라 발맞춰 가는 거라고 긍정적 해석을 해야 손잡고 나갈 수 있는데 그걸 또 눈치 본다고 폄하하는 사람이 내 이야기의 흐름을 끊어버리려 하기도 했다.

이런 개나리 식빵!

열심히 일한 끝에 오는 근육통과 두통 말고 돈도 같이 따라오면 오죽이나 좋을까마는 어째 풀기 어려운 숙제와 감당 못할 인간들과 목구멍으로 치솟는 욕지거리만 줄줄 따라온다. 그나마 지금의 일은 내가 좋아서 하는 일이고 자부심을 느끼고는 있다. 그런 걸 굳이 알아주면 고맙겠으나 그러지도 않을 거라면 없는 이야기는 제발 만들지 않았으면 좋겠다.

사실 난 나이 차이가 많이 나는 사람들과 오랫동안 일해 오다보니 내 노하우는 그저 나의 것일 뿐 그들에게 자랑하거나 강요할 수 있는 게 아니라는 걸 나는 매해 겪어 왔다. 그들은 어디선가 무게가 느껴지면 입부터 다문다. 재능을 드러내거나 할 말을 제대로 하거나 아이디어를 내면 그게 일로 연결될지도 모르는 번거로움을 아예 차단해 버리는 분위기가 대부분이다. 주어진 일만이라도 집중하게 해야 하는데 일을 잘하면 일을 두 배로 받는 선배들을 보며 몸을 사리는 것이다. 그리고 언제든 짐을 쌀 준비를 하고 그걸 숨기지도 않는다. 그게 잘못이 아니라는 거다. 우리가 속이 타들어가는 건 그런 표현을 하면 나쁜 사람이 된다고 배웠기에 용기를 못낸 것이다. 그런 태도를 나쁘다고 가르치는 선배가 되는 걸 나는 늘 경계해 왔다. 맞춰갈 수 없지만 있을 때만큼이라도 잘 격려해 주는 게 내 역할이라 생각했다.

신구가 공존하는 집단에서 즐겁게 일할 수 있는 방법은 없을까. 내가 어디로 가야 하는지 방향을 잡아가려면 앞사람 발자국에 자신의 발자국을 맞춰보는 거다. 딱 들어맞는 사이즈의 사람들과 마음을 맞춰가며 일해보는 것은 저절로 신날 일이지만 한쪽만의 노력으로 되는 건 아니다. 나부터 잘하자.

나도 행복해지고 싶다

내가 이해하고 있는 의미가 맞는지 확실치는 않지만, 한 분야의 고수를 얼마 전까지는 고인물이라고 불렀다. 새로운 언어가 또 생겼는지는 알 수 없다. '킹받네'가 심지어 'KG받네'로까지 진화된 걸 보면.

전문가, 고수가 고인물로 불리는 건 높아진? 높은? 인물이라고 극존칭을 써 주는 건지, 이제 더 나아갈 곳 없는, 점점 썩어가는 물이 되는 걸 말하는 건지 잘 모르겠다. 하지만 그런 고수들도 노력하지 않거나 방향이 틀리거나 세대를 극복하지 못하면 어느새 도태되고 낡아서 잊히고 썩어가기 마련임은 틀림없는 것 같다.

MZ세대에 알고자 공부하는 시간을 가졌다. 바이러스에 옴짝달싹 못하고 있었던 2년여의 시간 동안 진보도 퇴보도 못한 채 갇혀 결국 생각이 굳어져 버린 것 같았다. 타인 특히 내 다음 세대들에 대한 이해가 떨어져 버렸단 위기감을 느꼈다. 그건 내가 맡은 환자분들과 동료들 그리고 주변의 사람 심지어 내 아이에게까지 영향을 미칠 수 있었기에 내가 먼저 변해야겠단 생각에 먼저 제안을 했다.

MZ세대의 언어를 이해하고 생각을 이해하고 문화를 이해하는 작업은 매우 흥미진진했다. 하나의 짧은 예로, 문자할 때 '^^'나 '~'를 쓰면 단번에 그 사람의 연령대를 가늠할 수 있는 것, 검색할 때 네이버로 찾는 게 아니라 유튜브로 찾고, 30초도 길어 릴스, 틱톡 등 10초 영상인 숏츠가 유행한다, 남들 이야기에 '어쩔티비'라고 반응한다는 등의 이야기에 입이 떡 벌어지는 구세대와 그걸 다소 한심해하거나 이해 못하는 신세대가 열띤 토론을 벌였다. 서로를 이해하기 위해 배워야겠다고 생각하는 구세대는 신조어를 알려주는 수업을 하면 안 되겠냐 하고, 그런 언어가 태어날 때부터 입에 붙어서 나온 신세대들은 뜨악한 표정을 짓는 것도 재미있었다. 소소한 행동이나 생각의 차이가 어느새 이만큼 벌어져 있구나 싶었다.

한 연구 논문에서 말한 MZ세대의 키워드는 '존중'과 '배려'였는데 주목할 것은 타인에 대한 존중과 배려가 아닌 '나' 자체의 존중과 배려라는 것이었다. 자칫 오인하면 그 자체가 이기적으로 보일 수 있음에 대해서도 신경 쓰지 않았다. 저렇게 살면 참 편하겠다 싶으면서도 씁쓸함이 남았다. 그들의 이기적으로 보일 수도 있는 태도들을 MZ세대이기 때문이라고 이해해줘야 할지 잘 모르겠다. 본인의 몰지각과 몰이해를 듣기 좋게 MZ로 포장하는 것처럼 보이는 건 내가 나이가 들어서인가 싶은데, 잔소리 같아도, 태도의 차이는 미래를 좌우한다.

그런데 MZ세대들의 이런 생각은 결국 이 글을 쓰고 나와 나의 세대들이 만들어낸 결과이기도 하다. 그저 열심히만 했던 세대, 열심히 해도 안 되던 세대를 지나 나라도 잘 살고 보자는 세대로 넘어간 것 같다. 그렇게 서로 다름에 대해 이야기하며, 이렇게 벌어진 간극을 무엇으로 어떻게 메울 것이냐에 대해 과제가 주어졌다.

누군가는 마치 "하고 싶은 거 하면서 살게 내버려 둬라"며 정답처럼 말했지만 머리가 복잡해졌다. 실은 그게 내가 원하던 모토였고 그렇게 실천하면서 살았고 수년간 그룹을 이끌던 원동력이었고 심지어 그걸 부러워하며 내 팀을 수없이 벤치마킹하며 가기도 했는데….

뭔가 변해야 하는데 잘 모르겠다. 코로나 블루 늪에 빠졌다는 핑계도 한두 번이다. 지금의 내게 필요한 건 뭘까 싶었다. 내가 변한 건지, 힘이 빠진 건지, 세대교체를 준비해야 하는 건지 토론을 이끌고 마무리

지으면서 숨이 막혔다. 이 간극을 어떻게 메꾸고 뛰어넘어 함께 갈 수 있을까…. 도전을 할까, 놓아버릴까. 행복해지고 싶다. **나도 행복해지고 싶다.** 행복해질 권리는 어느 시대를 막론하고 개인에게 중요한 가치가 아니었나?

 내가 행복을 찾는 방식은 사람과 함께 있는 거였다. 홀로 가기에는 내 뒤에서 나를 보고 있는 사람들도 생겼다. 그게 부담이지만 그게 부스터로 작용하기도 한다. MZ세대 다음은 또 어떤 가치를 가지고 살게 될지 모른다. 세대가 어떻게 변해도 내 길이 선하고 옳은 방향으로 가고 있음에 당당하면 언제 누가 뒤돌아서 손을 잡아 달라고 하거나 쉬고 싶다 할 때 버팀목이 되고 휴식처 같은 사람이 되어줄 수 있을 것이다. 그게 내 세대에서 할 일이지 않을까 싶다. 새로운 걸 따라가며 버거워하지 말고, 주저앉으려 하지도 말고 열심히 살았던 그 힘이 우리 세대만의 것이라면 그걸 발휘해서 살아가면 되는 것이다. 이 생각 또한 존중받아야 한다.

꽃을 바라보듯이, 그대를

⋮

그는 수줍음이 많으며 무엇 하나도 아까워서 버리지 못해서 쌓아두고, 어쩌다가 남들 눈에 띄지도 않는 신기한 물건들을 잘도 주워온다. 그는 하느님의 부르심을 받기도 하고, 대통령과도 친분이 있다. 귀가 밝아 남들이 듣지 못하는 소리가 들리고, 심지어 마음의 소리까지 듣는다. 때문에 인공위성은 늘 그를 주시하고 있고, 검은 차량은 늘 그를 뒤쫓는다. 편의점의 CCTV는 그가 움직이는 방향대로 움직이고, TV 뉴스의 아나운서는 손짓으로 그가 내일 할 일을 지시한다. 그에게는 쫓아다니는 사람도 많고, 그를 지켜보는 사람도 많다는데 그는 늘 외롭다고 한다. 그는 눈을 마주치지 못하고, 감정을 드러낼 타이밍을 놓치거나 필요도 없이 과잉 감정을 드러내기도 한다. 수다스럽다가도 과묵하며, 때로는 희한한 것에 집착하기도 한다. 그의 가족은 사실은 그를 입양했으며 그는 원래는 대기업 사장의 아들이다. 화가 날 때도 있지만 사람보다는 주로 벽을 향해 소리친다. 지나가는 사람들은 그에게 손가락질을 하고 욕을 퍼부으며 느닷없이 죽으라고 하거나 살 가치가 없다는 매정한 말을 쏟아내지만 어떻게든 참아낸다. 다시 태어나길 소망하기도 하고, 어쩌면 지구인이 아니라고 생각하기도 한다. 사실은 천왕성까지 갔다가 온 자도 봤고, 부활을 했다고도 한다. 여자 가수와 내일 함께 밥 먹을 약속도 했고, 내일 폭풍우가 쏟아진다고 예언을 하기도 한다지만 그 흔한 핸드폰도 없고, 뉴스도 안 보는 그는 매우 사실적으로 이야기를 한다. 물론 아주 작은 목소리로. 고민을 하느라 밤을 지새우기도 하고 끼니를 거르기도 한다. 벽에 그려진 문자는 그에게만 보내는 중요한 신호이며, 그는 인류의 평화를 위해 일하는 수호자이지만, 이 모든 것은 그의 방 안에서만 일어난다. 사람들과 소통하기보다는 내적 목소리에 반응하며 했던 말을 끊임없이 반복한다. 의미 전달은 아무래도 상관없다. 그는 점점 말을 잃어가고, 점점 더 눈을 감아 버리고 귀를 닫아 버린다.

그가 생각하는 것에 이해를 바랄 수는 없다. 그가 행동하는 것에 때때로 작은 한숨이 지어지고 난감해지기도 한다. 그가 무엇을 원하는지 단번에 알아채는 건 사실, 평생을 노력해도 어렵다. 그런 그와 함께 나가면 사람들이 슬금슬금 자리를 피한다. 그와 함께 밥을 먹으면 사람들이 나가라고 한다. 그와 함께 웃으면 사람들이 뭐가 웃기냐고 의아해한다. 그와 함께 살아가는 이야기를 하면 사람들은 말도 안 되는 소리하지 말라며 손사래를 친다. 그도 뭔가 할 수 있다고 하면 콧방귀를 낀다. 그와 함께 뉴스를 보면 나는 때로는 그의 눈치를 보게 된다.

그렇다. 그런 그를 사람들은 좋은 말로 정신 질환자라고 부른다. 좀 더 솔직히 말하면 "정신병자, 미친 XX"라고 한다. 병 자체가 죄가 된다. 이들이 숨만 쉬고 살아도 혐오스러움을 숨기지 않는 사람들도 있다. 말도 안 되는 행동이나 이해할 수 없는 사람들에게는 함부로 '정신병자'라고 진단을 하며 돌팔이 의사가 되는 짓을 서슴지 않는다. 정신증에 대해 우리는 무식의 극치를 이루면서도 한 번도 제대로 알아보고자 한 적이 없고, 무식함에 대해 부끄러워한 적도 없다. 타인의 시선에 대해 그렇게도 신경 쓰는 사람들은 막상 이런 일에는 스스로에게 상당히 관대하다. 수많은 의학 전문 프로그램에서도 보기 힘든 희귀한 내용이고, 영화에는 범죄 스릴러물의 주인공 자리를 뺏기기가 어려울 지경이다. 그렇게 철저하게 각인시킨 덕분에 그들은 사람들이 자신들에게 돌팔매질할까 봐 나가기가 두렵다고 말하고 버스 타기가 어렵다고 말한다. 그건 결코 과장이 아니다.

　내 일을 하면서 가장 많이 받았던 질문, 아니 지금까지도 받는 질문은 "무섭지 않냐"는 거였다. 난 본디 겁이 많은 사람이다. 난 내 삶의 반을 이들과 함께했다. 그리고 깨달았다. 난 질문한 당신들이 더 무섭다. 이해받지 못한 사람들이 받을 상처가 무섭다, 두렵다. 화가 난다. 이해하기를 멈춘 사람들과의 대화는 늘 난감하다. 다른 것을 수용하고 왜 다를까 의문문을 가지는 건 번거롭게 생각한다. 같아질 수 없을지언정 함께 살아볼 궁리를 하는 노력들은 진즉 포기해 버리고 어떻게 하면 내게 아무런 해악을 끼치게 하지 않고 쫓아낼까를 고심한다. 잘 알지도 못하는 사람에게 함부로 인상을 쓰고, 손가락질하는 사람들은, 한 발자국 떨어진 곳에서는 꽤나 좋은 사람 흉내를 내고들 있다. 파트리크 쥐스킨트의《좀머 씨 이야기》를 읽고 론 하워드의〈뷰티풀 마인드〉라는 영화를 보면서 삶의 의미를 깨달았다 하고, 편견을 내려놓아야겠다고 하면서도 현실에서 그들을 보는 시선은 차갑고 냉정하기 그지없고 그들의 행동 하나하나를 분석하려 든다. 몰라서 생기는 실수들이라면, 굳이 전문가적인 견해까지 더하지 말기를 바란다.

　그들은 "나는 움직이는 속도가 달라요. 걸음걸이에도 의미가 있어요. 공기도 의심스러워요. 나는 두려워요. 하지만, 그럼에도 내게 말을 걸어 준다면 나는 속으로 기뻐할 거예요. 천천히 이야기해 주세요. 그럼 당신이 무슨 이야기를 하는지 조금은 알 것 같아요. 시간을 주세요."라고 말한다. 귀를 기울이고 침묵하고 옆에 있어 주면 되는 일에 우리는 가속도를 붙여 그들을 내몰기 바쁘다. 어쩌면 전문가들조차도 회복이라는 듣기 좋은 목표를 내세워 사회가 바라는 틀에 끼워 넣으려고 하지는 않았나, 반문해 봐야 한다.

그들은, 작은 일에 매우 관심이 많다. 그들의 머릿속에서 나오는 두려움들이 때로는 인간에 대해 본질적인 질문을 던지게 만든다. 내가 평소에 생각하지 못했던 우주의 섭리를 느닷없이 깨닫는다. 그들은 그래서 재미있고 독특하다. 수학적 논리나 국어의 어휘나 과학의 발견과 발달은 그들에게 중요하지 않다. 아쉬운 건 가끔 도덕적인 규범과 사회적 질서에 대해서 그들만의 법칙을 적용하려 드는 고집스러움이 관계를 망치기도 한다. 이 부분은 미화되면 안 된다. 그들도 함께 살기 위해 배워 나가야할 부분이며, 회복의 과정에 있는 많은 그와 그들의 관계 개선에 대한 노력은 눈물겨울 정도이다.

마음이 가는 대로 오랫동안 눈길을 주는 것을 시선이라고 아이는 말했다. 무엇에 마음이 그렇게 오래 가는지 물으니 대부분 착하고 예쁜 것이라고도 했다. 사전적 정의가 어찌되었건, 나는 이 말이 마음에 든다. 또한 선(善)을 향해 가는 길을 보는 것이 아닐까, 하고 억지로 뜻을 더하기도 한다. 오랫동안 내 마음이 가는 곳은 그들이 존재하는 곳이었다. 같이한 세월이 있기에 내 작은 변화에도 그들은 민감하게 반응한다. 그들은 상당히 직설적이고, 거짓을 이야기하는 일이 드물다. 나는 못날 때도 있고 잘날 때도 있고 꾸미고 올 때도 있고 너저분해질 때도 있다. 그들은 그런 내 변화를 거르지 않는다. 내게 대놓고 못생긴 사람이라고 말하면 난 왠지 안심이 된다.

그들과 길을 걷다가 예쁜 화단을 지나쳤다. 보기에 꽤나 정성을 기울인 화단이었고 꽃이 만발했다. 활짝 핀 꽃들 사이에도 잎이 떨어져 나간 것, 꽃잎이 채 피지 못하고 반만 드러낸 것, 시들해진 것들이 한데 있었다. 그들을 함부로 뽑지 않는 주인의 관대함에 또 마음이 갔다. 활짝 핀 건 나 같고, 잎이 떨어져 나간 것은 그 또는 그들 자신 같다는 말에 어설프게 겸손을 떨지 않았다. 대신 "그래도 이 화단의 꽃들처럼 우린 함께 있잖아요."라고 했고 그들은 웃었다.

  한 번도 생각해 보지 못한 그들의 삶을 이해시키기 위한 의무감으로 이 글을 시작했다. 그들에 대해 거칠고 두렵게 포장된 것을 벗겨 내고 이제는 예쁘게 바라볼 수 있도록 향수도 뿌리고, 색감도 더하고, 아름다운 언어로 표현해 내려고 노력하고자 한다. 그런 노력으로 사람들이 치켜 올린 눈에 힘을 빼고 반달 모양의 고운 눈길로, **꽃을 바라보듯이, 그들을 바라보게 되는 날까지, 이들을 알리고 함께하겠다고** 또 다짐해 본다.

코로나 시대를 살다(2020 - 2022)

인간의 욕망과 싸우는 세상

새로운 족쇄

주님께서 이웃을 어떻게 사랑하라고 하셨나

학업보다는 살림이 늘어가는 아이들

백신 괴담

밀접 접촉자

"아이 말고 너."

우리, 참을 만큼 참아 왔잖아?

사라지는 것들에 대한 아쉬움

못 보던 친구

방호복 안에서

38.4도

여전히 이겨내고 있는 중이다

인간의 욕망과 싸우는 세상

현실을 그대로 반영하는 글은 나중에 읽었을 때 유행 지난 옷을 입는 것과 같은 느낌이 들까 봐 코로나19에 대한 글은 쓰지 않으려 했는데 결국 쓰게 됐다.

과연 이 싸움의 끝이 있을까 싶다. 중국 우한에서 박쥐를 잡아먹은 사람들 때문에 퍼져 나갔다는 어처구니없는 이유로 시작된 이 코로나가 우리 삶을 잠식할 줄은 꿈에도 몰랐다. 메르스 유행 시 낙타는 본 적도 없는데 낙타 고기를 먹지 말라는 경고로 한바탕 웃었는데, 이제는 동굴에 사는 박쥐 눈치까지 봐야 하나 싶었고, 메르스 창궐 때처럼 그러다 말겠지 했는데, 사태가 심각해졌다.

눈에 보이지도 않는 바이러스 때문에 눈만 빼꼼 내민 채 얼굴을 가리고, 집 밖에 나가는 것도 눈치 보이는 생활을 한 지 어언 수개월이 다 되어 간다. 밤낮 구별 없이 울려대는 확진자 공지 문자에도 무덤덤해져 간다. 시간이 지나서 익숙해지고 면역력이 강화되고 새로운 약이 개발되어 자유를 얻을 것이라는 기대는 서서히 실망과 좌절로 무너지고 있다.

희망이 없지는 않다. 누군가는 인류를 위해 자신의 삶을 뒤로한 채 지금도 연구에 골몰하고 사례를 분석하고 통계를 내고 위기를 극복하고 있을 것이다. 이렇게 자유를 얻기 위한 몸부림을 치는 누군가가 있는 반면 아무리 외쳐도 쾌락 본능을 이기지 못해 바이러스의 먹잇감이 되는 자들도 있다.

바이러스는 곧 우리 삶의 태도를 보여주는 바로미터다. 원칙을 지키고 타인을 배려하는 마음만으로도 생명 연장은 가능해진다. 기부를 많이 하거나 힘내서 좋은 일을 따로 하지 않더라도 그저 내 한 몸 잘 씻고 잘 가려주는 것만으로도 타인을 도울 수 있는 세상이 됐다. 어찌 보면 바이러스와의 싸움이 아닌 **인간의 욕망과 싸우는 세상**이 됐다. 지긋지긋한 이 싸움에서 승자는 누가 될 것인지 두고 볼 일이다.

새로운 족쇄

:

　코로나19는 여러모로 몹쓸 바이러스다. Zoom이라는 화상 회의 시스템이 생기면서 곳곳에서 놀라운 변화가 생기고 있다. 스마트폰으로도, 데스크톱으로도, 노트북으로도 원할 때 언제든 수업도, 회의도, 동창회도, 회식도, 놀이도, 진료도, 상담도, 기도도 할 수 있다. 화면을 보며 뭔가를 하는 건 만화 영화 속에서나 일어나는 일이라고 생각했던 때가 불과 얼마 전이었는데 이제는 나도 이런 신문명을 이용하며 살게 되었고 심지어 회의도 주관하고 있다.
　여하튼 난 그다지 즐겁지 않다. 호기심이 많아 새로운 시도를 해보는 건 즐거우나 이런 편리함이 족쇄가 되는 것에 동의하지 못한다. 이 **새로운 족쇄**로 아무 곳에서나 아무 때나 언제나 늘 그렇듯 항상 일. 일. 일. 일. 일. 일. 몹시도 일. 넘쳐나도록 일이다. 너무하잖아!

주님께서 이웃을 어떻게 사랑하라고 하셨나

⋮

우선 양해의 말씀을 드린다. 특정 종교를 비난하고자 하는 말은 아니며, 아이를 키우는 어미의 심정으로 글을 봐 주셨으면 한다. 나 역시 종교를 가지고 있으나 오랜 기간 동안 냉담을 해온 터라 딱히 하느님이 나를 잘 알아주시지는 않는 것 같다.

거두절미하고, 오늘 아이가 다니던 교회의 전도사님께서 집 앞으로 찾아오셨다고 했다. 선물을 잔뜩 사 들고 오셨다 했고 선물의 내용은 알찼다. 하지만 난 그리 반갑지는 않았다.

우리 가족은 코로나19가 터지자마자 밀접 접촉의 위험성이 있을 것 같아 교회를 가지 않았다. 아이는 그럼에도 집에서 기도하는 시간을 가졌고 나는 그 모습에 제대로 신앙을 배웠구나 싶어서 기특한 생각이 들었다.

최근 코로나19로 인해 전 국민이 방역에 신경 쓰고 있는 요즘, 신을 앞세워 위험천만한 일들을 벌이고 있는 일부 교회들의 이야기에 심기가 몹시 불편한 상태였다. 점점 교회들에서 이상한 예배 방식을 고집하는 일들이 생겨나고 신을 믿는 건지 사람을 맹신하는 건지 구별이 안 가는 일들이 연이어 뉴스를 장식했다.

그러는 와중에 동선이 확인도 안 된 분이 오셔서 미리 사전에 부모에게 양해도 구하지 않고 물건을 건네주고 간 것이 여간 찝찝한 게 아니었다. 차라리 성경 구설을 문자로 보내주거나 안부 전화를 하는 게 훨씬 현실적이며 안전할거라 생각되는데, 교회에서 하는 일은 대체로 옳다고 생각하는 것이 내겐 큰 불쾌감을 주었다. 평소에도 길을 지나갈 때 먹고 싶지도 않은 팝콘이나 호떡을 들이밀며 자신의 선한 의도를 알아 달라고 하고, 신호등을 건너야 하는데도 끝까지 쫓아와서 덥석 안겨주고 마치 길 잃은 어린양을 제대로 구제했다는 듯 의기양양하게 돌아서 가는 모습이 탐탁지 않았었다. 말하자면 끝이 없다.

 남편은 선의를 너무 매도하지는 말자고 했고, 생각해 보니 나도 지나치게 과민하게 생각하는 거 같아 전화 수화기는 내려놓았다. 다만, 교회에서는, 주님께서 이웃을 어떻게 사랑하라고 하셨는지 한 번 더 떠올리며 행동했으면 좋겠다.

학업보다는 살림이 늘어가는 아이들

"봉지 과자만 산 것 같아서 변화를 한 번 줘 봤어."

라며 아이가 아침 출근길에 비스킷 하나 내 손에 쥐어 줬다. 뭔가 역할이 바뀐 듯한 장면도 웃겼고 이제 더는 어린아이가 아니라는 듯 폼을 잡는 모습도 웃겼다. 밤새 뒤척이며 내일을 걱정하다 겨우 잠든 엄마임을 모르지 않는 아이가 이제는 나름 자신의 등과 어깨를 빌려줄 준비를 하고 있다는 표현을 하는 것 같아 기특했다. 그럼에도 자신은 사춘기를 지나치고 있는 까칠한 사람임을 잊지 말라는 표현도 놓치지 않는다. 기특해서 양팔 가득 안아 주려 하자,

"어머니. 왜 이러세요."

라며 서둘러 현관문을 닫는다.

코로나19로 인해 학창 시절을 잃은 아이가 집에서 온라인 수업으로 버티며 자신의 본분은 잃지 않고 있는 것이 그저 신기하고 기특할 뿐이다. 직장에서도 아이들을 집에 놔두고 오는 워킹맘들 이야기를 들어 보면 **학업보다는 살림이 늘어가는 아이들**이 기특하다가도 안타깝다는 이야기 일색이다.

하느님을 팔아 정치를 덧입혀 누구를 향한 외침인지도 모르고 어리석음을 범하고 거짓말을 일삼는 어른들 때문에 생긴 결과로, 소중한 시절을 잃어버린 아이들은 그래도 이렇게 성장하고 있다. 항바이러스세대. 이 아이들은 언젠가 지금의 어른들보다 훨씬 나아진 방식으로 이 고난들을 헤쳐 나갈 거라 믿는다.

백신 괴담

코로나19 예방 백신 접종 후기

[1차 접종]
1. 오전 11시 30분에 주사를 맞고 한 1-2분 안에 살짝 어지러운 기운이 있음.
2. 점심시간을 활용해 30분간 쉬니 나아짐.
3. 오후 3-4시간 후 메스꺼움이 생겼으나 견딜 만함. 그 증상은 아직 있음.
4. 오후 6시 무렵 오한, 근육통, 발열(37.6) 시작. 쉽게 말해 몸살 기운 같은 것이 스멀스멀 올라옴. 야근 포기. 서둘러 귀가함.
5. 오후 7시에 집 도착. 씻고 바로 쓰러져 잠. 37.6도. 자면서도 근육통과 열(37.6)이 오르는 게 느껴짐. 점점 몸살 기운이 심해짐.
6. 밤 9시 자다 깸. 38.3 오름. 좀 더 견디며 내 몸이 면역력을 높일 기회를 주자 싶어 일단 참아 봄. 식사 함.
7. 밤 10시 30분. 드라마 〈루카〉볼 정신은 돼서 다 보고 열 재니 38.3도.
8. 밤 11시 40분. 열(38. 4)도 문제지만 근육통이 너무 극심해져 결국 타이레놀 1알 복용.
9. 밤 12시 거짓말처럼 몸이 편안해짐. 물론 약간의 두통과 메스꺼움은 있음. 37.9도로 열 떨어짐.
10. 새벽 1시. 아파서 못 잔 게 아니라 아까 집에 오자마자 자서 잠이 오지

않은 것임. 열(37.3) 정상으로 돌아옴. 참고로 난 기초체온이 높은 편이라 평소에도 37.2도.
11. 새벽 2시 30분. 잠들기 전 마지막 체온. 36.9도. 안심.
12. 아침 7시. 직원 단톡방 난리 남. 위의 상황을 직원들도 비슷하게 겪었다고 하며 대체로 타이레놀 한두 알 먹고 견뎌냈다 함. 몇몇은 주사 부위 통증 말고는 말짱하다고 자랑함. 다행이다. 체온 36.9도.
13. 오늘 나는 미리 월차를 내서 여유 부리고 있음.

백신 접종 후 가능하면 다음날 쉬는 걸 추천함. 접종 후 타이레놀 한두 알은 가지고 계시고 많이 아프면 복용하길. TMI 같지만 타이레놀은 편의점에서도 판매함.

접종 전에는 영양 섭취를 충분히 하면 도움이 됨. 몸이 힘든 걸 견뎌내려면 속이 든든한 게 최고임. 빈속에 맞으면 메스꺼움이 더하다는 분들도 주변에서 있었음. 동료는 항생제 냄새가 입 안에서 난다고도 했고 어떤 분은 설사를 한두 차례 했다고도 함. 이는 개인차가 매우 크므로 내게 따져도 소용없음.

[2차 접종]
백신 접종 완료했고 증명서 발급 앱까지 받으니 괜히 무서울 게 없다는 생각이 든다.
아스트라제네카 1차 때는 많이 긴장을 했고 참고가 될까 해서 후기까지 남겼는데 2차는 여유가 있었고 아픔도 덜해서 쓸 말도 없었다. 한참 지난 일이라 쓰는 게 도움이 될까 싶긴 해도 또 누군가에게는 도움이 될까 해서 남겨 본다.
1. 오전 9시 45분에 주사 맞고, 아무렇지 않음

2. 접종 후 8시간 경과

오후 5시경 속 메슥거림 미열이 오르기 시작. 눈앞이 침침하고 머릿속이 구름 낀 듯. 37.8도. 그래도 짬뽕은 맛있었음. 여유롭게 타이레놀 한 알 복용함.

3. 오후 7시. 퇴근. 열감은 있으나 견딜 만함.

4. 새벽 3시. 화장실 가려고 깸. 열은 37.1도. 다시 잠.

5. 아침 9시. 직원 단톡방. 2차는 거의 아픈 사람 없었다며 우리 이제 해방이다 하고 외침. 회식 날짜 잡으려고 무리수 두시는 상사. 얼른 손절하고 아침밥 먹으러 나옴. 이날은 석가탄신일이라 굳이 내 휴가 쓰고 쉴 필요 없어서 좋았음.

[부스터샷]

오전 10시 30분, 부스터샷을 맞았다. 아픈 것도 없었고 일부러 휴가를 내지도 않았다. 퇴근하고 뉴스를 보고 드라마를 보고 영화를 보고 노래를 들었는데 역시 시간이 지나도 후유증은 없었다.

아무것도 느껴지지 않았다. TV 속에서 흘러나오는 소리, 화면을 듣고 봐도 아무것도 느껴지지 않았다.

"저게 뭐라고."

"그래서 뭐 어쨌다고?"

"이걸 노래라고 부르냐."

라고 하며 독설까지 내뱉었다. 옆에서 남편이 떨며 하는 말,

"코로나를 죽여야 하는데 감정을 죽여 놨구만."

나도 동의한다. 그게 후유증인가?

내 백신 접종기는 이걸로 끝이다. 이 글은 한때 떠돌았던 **백신 괴담**에 하도 어이가 없어 남긴 글이다. 백신을 맞으면 좀비가 된다거나 곧 죽는다거나 하는 소문이 진실처럼 떠돌았던 때가 있었다. 그로 인해 의료인인 나조차도 긴장되었던 마음을 숨길 수는 없다. 국민들의 건강의 향방이 정치적으로 이용이 되기도 하고, 꽤나 국민들을 생각한다는 모 정치인들의 어처구니없는 발언들은 지금 생각하면 우습지도 않지만, 처음 백신 맞을 때는 뭔가 대단히 큰일을 치루는 듯 온 병원이 긴장 상태였다. 후기를 남기는 글에서도 차이가 있듯 처음에는 세세하게 신경을 썼지만 부스터 샷 정도 맞을 때쯤에는 이렇게 우스갯소리도 나올 정도로 코로나 상황이든, 백신 접종이든 익숙해져 갔다. 다만, 개인차가 있다는 걸 말씀드린다.

그리고 코로나로 인해, 백신으로 피해를 보신 분들께는 심심(甚深)한 위로를 드립니다.

밀접 접촉자

아이가 학년 바뀌었어도 코로나 상황 때문에 2주 만에 등교를 했는데 마침 같은 반에 확진자가 발생해서 3일 만에 다시 온라인 수업으로 전환되었다. 새 학년, 같은 반에 친한 친구들이 몰빵돼서 얼마나 기쁜지 모른다던 아들의 행복도 잠시, 코로나19는 바로 코앞까지 다가와 있었다.

아이 반 전체가 **밀접 접촉자**로 분류되어 2주간 자가 격리를 해야 한다고 연락이 왔다. 직장에 있을 때 연락을 받아 급히 조퇴를 하고 이틀간 휴가도 받았다. 우리 부부는 딱히 제한하지는 않아도 된다기에 안심은 했다.

일단 아이는 방 안에 격리를 해야 한다기에 최선을 다해 소독하고 방에 들여보냈다. 화장실을 따로 쓰는 게 나을 것 같아 아예 안방을 내주고 2주 동안 생활하는 데 불편함 없이 가급적 문을 여닫지 않은 상태로 지내게 준비해 주었다. 안방 창문을 통해 아이의 상태를 살피고 이야기를 나누는데 뭔가 짠했다.

이렇게까지 해야 하는 이유는 까다롭게 굴려는 게 아니라 방역 지침이 원래 그렇다고 해서이다. 방역 지침을 우습게 볼 것이 아니라 원칙대로 철저히 지키는 게 우선이다 싶고 그래야 아들도 자신이 안전하게 보호되고 있단 생각을 할 것 같았다.

다행이 아이는 딱히 돌아다니려 하거나 분잡한 성격은 아니라 평소와의 생활과 크게 다를 바는 없었다. 다만 격리된 상태에서도 학교 학원 온라인 수업을 듣고 과제도 수행하며 해야 할 일은 미룰 수가 없어 아쉬워했을 뿐이다.

밀접 접촉자 통보를 받은 다음 날에는 지정된 선별 진료소에 가서 코로나 검사를 시행했다. 학년 전수 조사를 했지만 예약제라 밀림이 없고 사람들과 마주침도 없이 빨리 끝낼 수 있었다. 그 와중에 새치기하는 운전자들도 있다는 게 놀라웠다. 그러나 '내가 누군지 알아?' 하는 식은 그곳에서는 통하지 않았고 새치기한 차는 뒤로 돌려보내는 정의의 사도들이 있었다. 나 또한 새치기한 차를 향해 소심하게 차 안에서 살짝 중지를 들어주었다.

별일 없을 거라고 믿고는 있었어도 온통 신경 쓴 탓에 괜히 여기저기 아픈 것처럼 느껴졌는데 기분 탓일 거라고 마음을 다잡았다. 갑작스럽게 받은 휴가고 긴장한 탓에 하루가 어떻게 흘러갔는지 모를 정도로 빠르고 허망하게 흘러갔다. 뭘 하기도 애매한 상태고 자꾸 왜 나에게 이런 일이 벌어졌나 하고 해답 없는 걱정에 휩싸이기도 했다.

이튿날 아침 결과가 나왔다. 확진자인 학생을 제외하고 전원 음성으로 나왔다는 문자를 받은 후 그 홀가분함은 이루 말할 수 없었다. 학교에서의 방역 관리도 신뢰가 갔고 아이들끼리 마스크 착용도 잘 한 것 같아 자랑스럽기까지 했다. 그럼에도 2주간의 격리는 계속되어야 하는 게 좀 답답했지만 더 큰일이 일어나지 않은 것만으로도 감사했다. 아이에게 확진자가 누구더라도 그 친구의 잘못은 아니니 혹여 비난에 동조하거나 미워하지 말라고 하니, 전혀 그럴 마음 없다며 친구가 걱정되고 빨리 낫길 바란다고 했다.

그렇게 창문 너머로 온라인 수업을 들을 준비를 하는 아이를 보고 설거지를 하러 싱크대 앞에 섰다. 그 순간 이 기쁜 소식을 전하러 친정 엄마에게 전화하고 싶은 생각이 들었다. 마치 살아계신 것처럼. 내가 너무 당연하게 떠올린 그 생각이 이룰 수 없는 일이라는 걸 깨닫는 건 찰나의 순간이었다. 곧 설움과 알 수 없는 감정이 밀려와 난 갑자기 엉엉 소리를 내서 울고 말았다. 왜 이럴까 당황스러우면서도 눈물이 멈추지 않았고 내 입에서는 통제 불가능하게 어린아이처럼 엉엉 우는 소리가 났다. 설거지 하던 중에 감정이 폭포수처럼 분출되어 수도꼭지에서 물이 흐르는 줄도 몰랐다. 얼른 수습하고 가라앉지 않은 감정을 들킬세라 급히 다용도실로 나가서 쪼그리고 앉아 한참 동안 눈물을 쏟아냈다.

　아이 앞에서는 괜찮은 척했고 의연하게 대처했지만 속으로는 긴장을 많이 했던 모양이다. 어느 정도 잘 추스른 뒤에 슬쩍 안방 창문으로 가서 보니 아이는 이어폰을 꽂고 수업을 듣고 있어서였는지 내 소리는 듣지 못한 것 같다.

　'잘 됐다, 다행이다'라는 엄마의 소리가 환청으로라도 들렸으면 좋으련만 그런 기적은 없었다. 다만 친정 엄마도 내 아픔에 대해 잘 견뎌 내셨으니 그 기억을 고스란히 이어받아 나도 좀 더 씩씩해져야겠다고 다짐했다.

"아이 말고 너."

⋮

우리는 대부분 아픈 사람에게 초점을 맞추고 아픈 사람을 돌보는 주변 사람들의 희생은 당연하게 생각하기도 한다. 하지만 매사 당연한 건 없다. 가족이라는 제도권의 이름까지 들먹이지 않아도 사람은 어지간하면 타인의 아픔을 이해하고 공감하고 돌볼 준비가 되어 있다. 그러나 어느 정도 시간이 지나면 그 에너지나 마음들이 옅어지고 사라지게 마련이다. 이럴 때 보조배터리처럼 누군가 옆구리 쿡 찌르며 에너지를 충전시켜 주면 그 따뜻한 마음에 다시 힘을 낼 수 있다.

"괜찮니?"

전화를 받자마자 대뜸 친구가 물었다. 코로나 확진자의 밀접 접촉자로 분류되어 2주간 격리 생활을 하는 아이의 안부를 묻는 줄 알고 "많이 지겨워하고 있어."라고 답했다. 그랬더니 친구가 쯧쯧하고 혀를 차더니 다시 물었다.

"아이 말고 너."

그 말에 순간 코끝이 찡했다. 삼십년지기는 내 목소리만 들어도 나의 고단함의 무게를 단박에 알아차리는구나 싶어 괜히 엄살을 피워댔다. 나의 하루 일상을 미주알고주알 읊어대며 징징거렸다.

"내 그럴 줄 알고 밥 좀 보냈다. 한 끼라도 덜었으면 좋겠다 싶어서. 먹고 아이 잘 돌봐."

그렇게 전화를 끊은 얼마 후부터 매일 새벽 도시락이 배달되어 온다.

그 외에도 친구들은 종종 "오늘도 애 보느라 힘들었지? 신경 쓰느라 일도 잘 못하지 않냐? 산책도 좀 하고…, 블라블라….”라며 내 위주의 걱정을 해 준다. 아들 걱정은 덤이고.
반면 이런 사람들도 있었다.
"아직도 격리 중이에요?"
"그렇게까지 격리를 해야 해요?"
"집 안에 있으면 몰래 나와도 되잖아요."
"애는 신났겠다. 핸드폰 실컷 보고 게임도 하고…."
조금만 옆을 돌아봐도 알 수 있는 사실에도 무심한 게 자신의 콘셉트인 양 말하고 남의 일이라고 쉽게 생각하는 빈 머리들과 빈 마음들도 있었다. 저런 말로 속 긁지 말고 차라리 신경을 꺼 줬으면 좋겠다 싶었지만, 에라, 됐다.
나를 알아주면 행복을 즐기면 되고 나를 몰라주면 그저 스위치를 끄면 된다. 친구가 보내준 꽉 찬 도시락을 다 비워낼 때쯤 마음이 부르고 배는 더 부르다. 그러니 고마운 사람 생각만 하자.

우리, 참을 만큼 참아 왔잖아?

⋮

코로나 백신 2차 접종을 마치니 당장 떠오르는 건 여행이었다. 가지 말라는 곳 안 가고 하지 말라는 것 안 하고 만나지 말라고 해서 안 만나고 산 날이 거의 1년 6개월이 다 되어간다. 전 세계 사람들 다 겪는 일이라 나만 억울할 건 없었지만 그래도 힘듦은 개인차가 있는 것 같다.

접종을 마친 친구들이 하나둘씩 연락을 해 왔다. '**우리, 참을 만큼 참아 왔잖아?**'라며 조심스럽게 여행 계획을 세워 보기로 했다. 이맘때쯤 여행 가려고 진즉부터 모아둔 여행 적금을 사용해 볼 기회가 오는 건가 싶어서 친구들의 목소리는 이미 한껏 고조되어 있었다. 한때는 보고 싶어서 화면상으로 술 한잔 기울이고 시답잖은 농담을 하며, 이제 우리도 디지털 기기 다루는 솜씨가 여간이 아니라며 자화자찬하는 것도 몇 번 하다가 이게 뭐하는 짓인가 싶어 관뒀다.

막상 가려니 여전히 주변에 눈치가 보이고 조심스러워 비행기 티켓을 살까 말까 망설여졌다. 친구들은 하는 짓도 하는 생각도 비슷한 것들끼리 모였다고 또 낄낄거리며 "만약에 간다면?"이라는 전제로 가고 싶은 곳을 모아 보자고 했다. 해외여행 가듯 제주도를 만장일치로 선택했다.

서귀포를 중심으로 하자는 의견에 맞춰 난 대표적 관광지 두어 군데를 제외하고는 책방 위주로 찾았다. 그리고 지도와 희망 장소 리스트를 공유했다. 친구들은 내 리스트를 보고 아직도 소녀 감성에 젖어 들어서 헤어나오지 못하는 것 같다며 재미있어했다. 산을 좋아하는 친구와 바다를 좋아하는 친구는 또 열정적으로 왜 그곳에 가야 하는지를 설명하느라 화면이 터질 것 같았다. 한 시간 내내 그렇게 말하다가 누군가 대뜸, "그나저나 코로나가 아직 안 끝났는데 우리 진짜 확실히 갈 수는 있는 거냐?"라고 물었다. 그러자 누구랄 것도 없이 마구 웃어댔다. 부질없는 쌈박질을 했던 우리 모두 철없음을 인정하고 다음을 기약했다.

사라지는 것들에 대한 아쉬움

⋮

코로나 시대의 졸업식은 눈물과 고마움과 감동과 아쉬움까지도 삼켜버렸다. 빛나는 졸업장을 드라이브 쓰루로 전달하는 학교도 있을 만큼 이 시대는 위태롭다.

아이 졸업식에 참석하지는 못하더라도 사진은 남겨야겠단 생각에 출근길을 서둘러 한산한 학교 정문 앞에서 겨우 가족사진 하나를 남겼다.

꽃을 어제 사지 않았다면 아침부터 당황스러웠을 것 같은 교문 앞 풍경도 특이했다. 꽃 파는 사람은 그 어디에도 없고 졸업을 축하한다는 현수막이 단조롭게 걸려 있어 겨우 오늘이 졸업식인 걸 알게 했다. 아이는 그게 너무 당연한 듯, 낯설어하는 내게 "학교 앞에 노점상이 오기도 해? 그런 일도 있어?"라며 되묻기조차 했다.

사라지는 것들에 대한 아쉬움은 이제 나만의 것인가 보다 싶었다.

그럼에도 얼굴에 미소를 띨 수 있었던 건, 졸업식을 마친 아이가 보내준, 친구들과 함께 찍은 사진 때문이었다. 마스크 속에 가려지긴 했어도 함께했던 친구들과 웃고 있었고 행복해하고 있었고 괜찮다고 말하고 있는 것 같아서였다. 눈으로 함박웃음을 짓고 있는 아이들의 모습에 안심이 됐고 괜히 뭉클해졌으며 안도의 한숨을 훅 하고 내뱉었다.

아이야. 진심으로 졸업 축하하고 많이 사랑한다. 네가 생각하는 그 이상의 이상만큼.

못 보던 친구

:

　직장 내에서도 심심찮게 가족이나 주변인들의 코로나 확진으로 인해 갑작스럽게 병가를 쓰게 되는 일이 많아지고 있다. 이제는 일상다반사가 되어 그다지 놀라울 일도 아니다.
　목이 따끔거리고 무기력해지고 입맛도 없고 미열이 있었던 건 계절이 바뀔 즈음 내게 찾아오는 단골손님 같은 거였다. 그 단골은 작년도 올해도 어김없이 날 찾아왔지만 혹시나 **못 보던 친구**라도 데려왔을까 봐 조심스럽다.
　심지어 나이가 드니 하루하루가 다르게 내가 평소 무심했던 신체 부위마다 거르지 않고 아파 온다. 지금은 다른 빈자리들을 대신해야 해서 마음껏 아파 몸져눕지도 못해 악으로 버티고 있다.
　다행이 오늘까지는 코로나로부터는 무사하다.

방호복 안에서

⋮

　나는 간호사다. 의료인이기에 백신도 솔선수범해서 맞아야 했고, 방역도 솔선수범해야 했고, 규칙도 엄하게 지켜냈다. 때문에 코로나를 잘 피해 최후의 1인자로 남을지도 모르겠다고 생각했다. 그러나 끝도 없는 코로나19. 지긋지긋하다 할 틈도 없이 휘몰아치는 이 상황에서 결국 철옹성 같은 직장이 2년 만에 코로나에 뚫리고 말았다. 그리고 얼마 지나지 않아 타 병동 지원 요청이 들어왔다. 동료들이 하나둘씩 코로나에 잠식되어 버리고 일터는 온통 몹쓸 놈의 바이러스가 지배하고 있었다. 겁은 났지만 비장한 마음으로 **방호복**을 챙겨 입고 서둘러 갔다. 지원 온 자들을 반길 틈도 없이 이미 지친 기존 동료들은 그저 할 일을 했다. 방호복을 제대로 갖춰 입으면 사실 한두 발자국 떼기도 버겁다. 통풍이 안 되는 전신 방호복에 가운을 걸치고 페이스쉴드, n95마스크를 쓰면 소리는 울리고, 시야는 흐리며 숨쉬기도 힘들다. 1회용 글로브를 끼면 혈관이 약하신 분들의 주사 처치하기에도 버겁다. 화장실 한 번 가기에도, 물 한 모금 마시기에도 쉽지 않다. 먹고 마시기 위해 한번 벗으면 이 모든 장비를 전부 교체해서 다시 갖추고 들어가야 한다. 어떤 선생님들은 먹지도 마시지도 않고 화장실 가는 시간까지 아껴서 환자분들을 돌봤다. 울컥했지만 감정을 드러낼 때가 아니었다.

　지원 3일째인 지금 갑옷을 두르고 나는 창과 방패로 무찔러 가는 중이다. 오늘만 해도 고열로 시달리는 환자들을 수렁에서 건지고 무너져가는 마음을 추슬렀다. 대체로 상담 위주의 업무만 해 왔던 나였기에 긴장도 했지만, 몸이 기억하는 스킬이 있어 그나마 다행이었다. 그럴 필요까지 있느냐는 소리를 들을 만큼 철저하게 소독하고 방호복 안에서 나를, 환자를 돌봤다. 집에 와서 기절하듯 잠에 빠져도 살려달라는 악몽에 시달리는 통에 수시로 눈이 떠진다. 코로나든 델타변이든 오미크론이든 경중을 떠나 결국 아픈 건 마찬가지다. 최대한 버텨 무사히 내 자리로 복귀하게 되길 기도하고 또 기도한다.

38.4도

:

내가 맡은 곳에서의 모든 에너지를 쏟았다. 환자들을 안정화시켰고 나름 성과를 낸 후 보고를 마쳤다. 그러자 어제 오후부로 나의 지원 일정도 마무리되었다. 긴장이 풀어져서인가 몸살 기운이 좀 있어 퇴근길에 차에서 약 하나 챙겨 먹고 집에 들어와서 씻고 잤는데 눈을 뜨니 여느 때와 달리 몸이 말을 듣지 않는 느낌이 들었다.

38.4도.

아닐 거라고 부정하며 신속 항원 검사를 했더니 신속하게 양성이 나왔다. 결국!

두 줄이 선명하게 그어진 것을 보니 비현실감이 들었다. 머릿속이 하얘지는 걸 애써 추스르고 내 동선을 파악하여 직장에 보고하고 가족에게도 알려 신속 항원 검사 및 PCR 검사를 했다. 코로나 병동에서 일한다고 모두 코로나에 걸리지는 않지만 체력이 상대적으로 약했던 난 어느 정도 예상을 했기에 상황이 원망스럽진 않았다. 다만 가족이 걱정되었다. 다행이 모두 음성이었다.

그나마 내가 여태껏 건강한 몸을 유지하고 방역을 잘 했기에 가장 위기 상태인 때 어려운 이들을 돌볼 수 있었던 점은 매우 다행이었고 지원 나가는 동안 집 안에서도 자체 격리를 계속하고 있었기에 복잡한 상황은 벌이지지 않았다. 미안하다고, 고맙다고, 힘내라고 하는 위로와 응원이 주변에서 쏟아졌다.

하지 않으면 안 될 상황이었기에 지체 없이 달려갔고, 후회는 없지만 속상한 건 감출 수 없다. 평소에 잘 관리를 했다 쳐도 어김없이 내 몸의 현주소가 또 드러났기에 속상한 건 감출 수가 없었다. 걱정은 되지만 회복하면서 계속 조심하고 관리하며 사는 수밖에.

여전히 이겨내고 있는 중이다

내가 코로나에서 회복된 이후 어느 날 가족도 한꺼번에 코로나에 걸렸고 회복되었다. 이제 어디서 걸려도, 누가 걸려도 하나 이상할 것 없이 많은 사람들이 걸려 비난도, 자책도 할 필요 없는 시대까지 왔다.

시작은 두려웠고 낯설었다.

인간의 힘으로 어쩔 수 없는 일들에 대해 우리는 어떻게 대처했는가? 가장 손쉬웠던 건 누군가를 탓하는 거였다. 신을 비난하거나 정부를 비판하거나 개개인의 운에 따른 결과로 받아들이며 좌절하기도 한다.

하지만 결국 사람들은 연대했고 여전히 이겨내고 있는 중이다.

처음에는 남 탓하기 바쁘지만 그래봤자 소용없다는 걸 깨닫고 더 최악의 상황이 되지 않도록 힘을 모으기 시작하는 거다. 말이 되건 되지 않건 의견을 내고 거기서 조율하고 좀 더 좋은 방식을 선택하기 위해 다양한 도전을 멈추지 않는다. 타인의 이야기에 귀를 기울이고 존중하며 이기심을 이긴 이타심으로 사람들은 따뜻함을 덮고 온화해진 마음으로 위기를 극복해 나간다.

누군가에 대한 감정을 발산하며 쓸 에너지가 이제는 인간다운 삶을 살기 위한 노력으로 전환되기에 이르는 것이다.

코로나19.

코로나 시대에 이제는 마스크에 가려져 상대의 얼굴도 감정도 언어도 온전히 읽어낼 수 없는 이 시대가 훗날 어떻게 기억될지는 모르겠다. 그러나 마스크 뒤에 가려진 진실과 진심에 더 귀를 기울이고 관심을 보이는 누군가들에 의해 오늘을 추억할 수 있는 시대는 반드시 오리라 믿는다.

  시대를 반영하는 글을 쓰고 싶지 않다는 말은 예전에도 했지만 내 삶속에는 분명 코로나19가 존재하고 있고 그로 인해 한계를 시험하고 절제를 경험했으며 한 번도 해 보지 못한 숱한 경험을 한 건 부인할 수 없기 때문이다. 뜬구름 잡는 어설픈 통찰보다는 현실을 직시하고 어떻게 살아가야 하는지를 배워나가는 것도 결국은 살아가는 데 필요한 이야기다.

슬픔을 말하는 방법

그저 그럴 수밖에 없는 일들
어린왕자는 노을을 마흔네 번이나 보았다고 한다
우선 잠시 STOP
대체 내게 무슨 일이 있었지??
지쳐 보인다고
시작인데 끝난 것 같은 이 더러운 기분
두려움을 고스란히 안고
아무 말도 하고 싶지 않고 아무 것도 하고 싶지 않은데
좀 가만히 내버려 둬
웃음을 거두겠다
그럼 이제 뭘 하지?
난 그저 피곤했을 뿐이다
그만 넘어져 버렸다
이 글을 이해하지 말도록

그저 그럴 수밖에 없는 일들

⋮

사그라들지 않는 아픔에 대해. 이름할 수 없는 고통에 대해. 추억할 수 없는 그날에 대해. 부를 수 없는 노래에 대해. 볼 수 없는 얼굴에 대해. 나는 말할 수 없다. 아무 것도. 물을 수 없다. 그 무엇도.

목이 메어 웃고 눈물이 차올라서 웃고 그리워서 웃고 가기 싫어서 웃고 보내기 싫어서 웃고 힘들어서 웃는다. **그저 그럴 수밖에 없는 일들.**

그 다음, 무엇이 내게 남을까.

어린왕자는 노을을 마흔네 번이나 보았다고 한다

︙

어린왕자는 노을을 마흔네 번이나 보았다고 한다. 그는 미치도록 슬플 때 본다고 했지만 어린왕자는 슬플 때만 본 건 아닐 것이다. 아마 오늘의 나 같은 기분으로 본 적도 있지 않을까. 그저, 아름답기에 보게 되는 것. 그래도 슬펐다면 이 아름다움이 짧기에 슬펐을지도.

우선 잠시 STOP

⋮

어떻게 살아야 만족스러울까? 배가 부르면? 돈이 많으면? 좋은 직장? 사랑하는 사람들? 굳건한 의지만 있다면? 하고 싶은 것을 한다면? 이런 걸 다 채워도 만족할 수 있을까?

만족이란 타인과 비교하지 않는 마음을 키우는 노력의 결과다. 아직 나는 매일이 불만족스럽다. 이만하면 됐다 싶을 때 뒤통수를 후려치는 손길들이 미안해하지도 않고 또 다음에 후려칠 기회를 엿보고 있다. 사는 게 무서워 죽겠다. 만족감은커녕 이제는 불안감도 더불어 오고 있다.

이래서는 안 된다. 잠시 눈을 감고 귀를 막고 입을 막고 동굴 속으로 들어가 잠을 잘 때가 왔다. 스트레스 상황에서 나를 구제할 사람은 나뿐이다.

우선 잠시 STOP.

대체 내게 무슨 일이 있었지??

2017년 어느 날의 메모.
"나 자신에게 확신을 가지기 어렵다. 고통을 느끼지만 거기서 더 나아가지 않는다. 용기가 없다. 한 발자국 떼버리면 달려올 무수한 과제들을 해결하지도 못한 채 나는 넘어지고 말거다. 넘어지면 이젠 다시 일어서지 못할 것만 같다. 그럴 바에야 외면하는 것이 살길이다. 내가 하는 것이 틀리다는 대답을 듣기 싫다. 질문하기를 포기해 버린다. 그리고 살아도 죽은 듯이 지내 버리면 그만이다. 주변에 그런 사람이 지천이다. 같잖은 것들이 마침표도 아닌 느낌표를 달고 산다. 그 같잖은 것들에 편승하느니 차라리 말줄임표로 우유부단한 듯 지내는 게 나에게는 더 어울리는 것 같다."

거짓말처럼 책 사이에 끼워 둔 메모지 한 장이 툭 떨어졌다. **대체 내게 무슨 일이 있었지?** 기억도 나지 않는 어느 날의 메모를 읽었다. 어느 때고 난 참 쓸데없는 생각이 많은 사람이구나 싶어서 픽 하고 웃었다. 뭔가 심각한 일이 있긴 했겠지만.... 그 메모를 보고 지금의 내가 피식 웃을 수 있으니 잘 해결이 된 모양이다.

지쳐 보인다고

:

일주일에 세 번씩이나 중요한 것들을 잃어버렸다. 신용카드, 무선 이어폰, 시계. 세 가지 중에 하나는 찾았지만 두 가지는 아직 머릿속에서 가출한 뒤 돌아오지 않고 있다.

가끔 무섭다. 엉뚱해도 한 번쯤은 생각해 봤을 그런 생각들이 나한테는 현실이 될까 봐. 가령 화장실에서 볼일을 볼 때 바지를 벗는 걸 잊으면? 때로는 바지를 입는 걸 잊으면? 이런 거. 가끔 걷는 게 어색해질 때도 있다. 왼발 오른발을 적절히 반복해서 내밀며 앞으로 나아가야 하는데 순간 멈칫할 때가 있다. 특히 에스컬레이터 앞에서 어색해질 때가 늘어났다. 이름이 떠오르지 않고 단어가 생각나지 않고 지금 뭐 하려고 했는지 모르겠고.

주변 사람들이 말했다. **지쳐 보인다고.** 쉬라고. 쉴 수나 있을까 싶다.

아직 하고 싶은 게 많은데 돌아보니 내가 머물러 있고 싶은 시간보다 훨씬 앞질러 와 있다는 걸 알게 되었다. 글은 사춘기에 머물러 있고 마음은 청춘이고 몸은 갱년기고 머리는 노년기에 닿아 있어 대략 난감하다. 지금 당장은 뭘 할 수 없어 글부터 손봐야 할 것 같단 생각이 든다. 손을 움직이는 걸 잊는다는 생각은 해본 적 없다, 다행히도. 그러니 움직일 수 있는 손으로 어린 글들을 성숙하게 다듬어야겠다는 생각이 든다. 그럼 이 기분이 좀 나아지겠지.

시작인데 끝난 것 같은 이 더러운 기분

:

　연초가 되면 머릿속이 분주해진다. 분주해지는 건 마음 뿐, 눈과 귀의 움직임이 흐려지고 둔해진다. 지난해를 넘어오며 한눈팔지 않고 옳은 방향으로 걸어왔다고 생각했음에도 너무 돌아서 왔다거나 너무 느리게 왔다거나 다른 길은 왜 생각해보지 않았냐고 하거나 쓸데없이 거긴 왜 갔냐고 평가라도 받으면, 이제는 오기를 부리기보다는 놓고 싶어지는 마음이 큰 것 같다. 해도 안 되는 것과 하면 안 되는 것이 늘어나기만 한다.
　내 평생 손가락 하나로 방향만 가리키면 될 것 같은 일들은 일어나지 않았다. 직접 가서 부딪혀야 했다. 좁은 길을 비집고 들어가 겨우 빠져나오면 다시 미로가 펼쳐졌고 숨이 막혀도 뚫고 나오길 반복하며 여기까지 왔는데도 도무지 이만하면 됐다 싶은 일 하나 없다. 심지어 혼자도 버거운데 누군가의 손을 잡고 가야 하기도 했다. 고마움은커녕 자기 살길 찾아 언제 사라졌는지도 모르게 사라져 버리면 난 또 묵묵히 길을 홀로 떠나야 했다. 시작도 안 했는데 등 뒤로 어깨 위로 책임감이 주렁주렁 달린다. 힘든데 힘들다고 말하면 루저가 되는 것만 같다. **시작인데 끝난 것 같은 이 더러운 기분**은 뭘까. 그리고 대체 이만하면 됐다 싶은 마음은 뭘 해야 드는 걸까?

두려움을 고스란히 안고

:

 살기 위해 열심히 숨쉬기, 걷기, 먹기, 입기 등 매일매일 반복한다. 덕분에 나는 그 보상으로 어딘가 갈 수도 있고 영양도 보충하고 예쁘게 꾸미기도 하고 살아 있기도 한 것이다. 그 외에 끊임없이 내 손을 떠나게 하지 않고 매일 하고 있는 건 뭘까 생각해 보면 없다. 인내심, 지구력, 성실함 등 몇몇 명사들로 나를 칭찬하는 소리들을 듣고 살아왔지만 칭찬이 무색하게도 생각보다 어떤 분야를 제대로 터득하고 내 것이다 싶게 만든 것이 없는 것 같다. 사람에게도 이런 정성을 기울여 본 적이 있나 싶다. 외로운 건 그 때문이 아닐까. 내 탓이다. 결국 외로운 것도 내 탓이다. 바빠서 깨달을 시간조차 없을 때가 더 많긴 했지만 이제 와서 알고 나니 좀 겁이 났다. 흠뻑 빠져서 툭 건드려도 나올 뭔가를 나는 가질 수 있을까, 경험할 수 있을까. 정성을 기울일 만한 것이 생기기는 할까. 이 글을 완성시킬 수는 있을까. 글이 문제인가, 사람이 문제인가. 답은 내가 문제라는 것.
 어떻게 살아가야 할까. 막막해서가 아니다. 흔들릴까 봐 두렵다. 무기력함에, 오만함에, 지나치게 생각만 많아서, 아무 생각이 없어서, 게을러서, 너무 바빠서, 미워해서, 사랑해서, 무관심해서, 목표가 높아서 등 다양한 변명거리로 흔들릴까봐 두려운 거다.
 이 **두려움을 고스란히 안고** 조심조심 하루를 알차게 살아가고 싶다. 해낼 수 있을까? 멈추지 않고 나아갈 수 있을까? 작은 걸음을 민망해 말고 작은 노력을 무시하지 말고 작은 성취에도 기쁨을 누리며 살아 보자는 다짐을 지킬 수 있을까?

아무 말도 하고 싶지 않고 아무 것도 하고 싶지 않은데

　일할 때 죽음을 목격하는 일은 어쩌다가 생기는 일이지만 아주 드문 일도 아니다. 그럼에도 "무던해질 때도 됐잖아"라고 하는 말은 내게 위로가 되지는 않는다. 심장은 차갑게 머리는 비상하게 행동은 빠르게 해내야 하는 일들을 마무리 짓고 어둠에 홀로 앉았다. 아무도 보이지 않는 곳에서 홀로 눈물을 훔쳤다. 안타깝게도 고인을 위해 울음을 울 수 있는 사람이 몇 안 된다는 사실도 내겐 마음이 아픈 일이다.

　소리 내서 울고 싶은데, 나는 그러면 안 된다. 머리는 무겁고 마음은 천근이고 다리는 힘이 풀려 버렸는데 전화벨은 또 울린다. **아무 말도 하고 싶지 않고 아무 것도 하고 싶지 않은데** 그 다음에 밀려드는 또 다른 주문이 나를 움직이게 한다. 누군가를 위해서는 다시 웃어야 하고 다시 이야기해야 하고 다시 마주해야 하고 다시 걸어야 하고, 다시, 또다시 돕고 도와야 한다.

　집에 오자마자 쓰러져서 잠이 들었다가 깼다. 어둠에 홀로 앉아서, 그저, 남은 감정들을 정리하느라 이러고 있다. 후….

좀 가만히 내버려 둬

:

"너 피 나."

"응?"

엄지손가락 끝이 살짝 베여 있었다. 어디서 베였는지는 모르겠고 상처도 그리 크지는 않았다. 3mm 정도로 베여 있었는데, 말해주지 않았다면 몰랐을 상처가 알고 나니까 꽤 따끔거리고 기분이 나빴다.

몰라도 되는 걸 알아서 아픈 것도 있다. 피를 흘릴지언정 그냥 내버려 뒀으면 좋은 것도 있다. 괜히 건드리지 않으면 저절로 아무는 그런 상처는 좀 내버려 둬. 알고 싶지 않은 많은 것들에 베이고 까이고 해도 각성하지 못하면 그냥 바보처럼 살게 되도 웃을 수는 있을 것 같다. **그러니 어쩔 때는 좀 가만히 내버려 둬. 제발.**

웃음을 거두겠다

⋮

언제였더라. 아껴 주고픈 마음이 짓밟혔다고 울었던 적이 있었다. 보잘것 없는 진심이라도 알아주기를 바라는 마음은 욕심이었기에 다시는 따뜻해지고 싶은 마음이 들지 않도록 그러지 않겠다며 독기를 품었다. 웃음기를 없애고 그저 해야만 하는 일을 했다. 마음에 들지 않으면 보지 않았고 마음에도 없는 말을 내뱉지 않았고 쉽게 고개를 끄덕이지도 않았다. 그런데 자꾸 내게 또다시 손을 내밀고 어깨를 빌려달라고 하는 사람들이 생긴다. 어쩌면 해줄 수 없는 걸 바라는 게 아니라 할 수 있는 것만 바랄 뿐인데 내가 더 많이 주려고 해서 버거웠던 건 아니었나 돌아보게 됐다. 진심을 다해 사람을 대하지만 과도한 진심보다는 가벼운 위로가 필요했을 사람들에게 너무 빚을 떠안긴 건 아닌가 싶었다.

아니, 자책하지 않기로 했잖은가. 가볍든 무겁든 내 진심이 이용당했다면 그건 이용한 사람들의 잘못이다. 더는 상처받지 않기로 나는 선택한다. 그러니 생각을 멈춘다. 내미는 손은 뿌리치고 어깨도 피하려고 한다.

나는 더 누굴 도울 수 있는 사람이 아니다. 나는 나만 도울 것이다. **웃음을 거두겠다.** 눈을 감아 버리겠다. 내가 듣고 싶은 노래만 듣겠다. 타인의 진심은 내가 결정할 것이다. 나를 움직이려면 시간이 걸리게 만들 것이다. 내 선택은 고통 위에 이뤄진 것이다. 그러니 말이다. 가라. 더는 오지 마.

그럼 이제 뭘 하지?

⋮

  좋아하는 책을 이미 읽어 버렸다는 사실이 슬프다. **그럼 이제 뭘 하지?**
  좋아하는 음식을 이미 먹어 버렸다는 사실이 슬프다. 그럼 이제 뭘 하지?
  좋아하는 영화를 이미 봐 버렸단 사실이 슬프다. 그럼 이제 뭘 하지?
  좋아하는 음악을 이미 들어 버렸다는 사실이 슬프다. 그럼 이제 뭘 하지?
  좋아한다는 이유만으로 미루고 아끼다가 꺼내 보지도 못하고 죽게 된다면 억울할 것 같았는데, 이미 다 해 버려서 남는 허망함은 무엇으로 채우지?
  남은 건 이제 좋아하는 너밖에 없는데, 너와 함께하고 나서, 너마저 떠나보내면 이제 뭘 하지?

난 그저 피곤했을 뿐이다

난 그저 피곤했을 뿐이다. 표정 없는 하루를 보내고 뒤돌아보니 사람들이 내게서 멀찌감치 떨어져 있었다. 이거 참, 난처하다. 내 많은 표정 중에 웃는 표정의 비율이 크긴 하지만 나는 인형이 아니다. 표정이 매번 같을 수는 없는데 내가 웃지 않으면 사람들은 지나치게 뒤로 몇 걸음 물러선다. 무섭다고 생각하거나 화내는 것처럼 생각하며 성질이 고약한 사람처럼 왜곡해 버린다. 그런 것 같다, 그럴지도 모른다는 말은 곧 '그렇다'로 정의되어 버리기 십상이다. 내 표정이 왜 달라지는지 물어보기라도 하려는 노력도 없이 쉽게 포기해 버린다.

한 사람을 이해하기 위해 들여야 하는 노력들은 아끼면서 남에게 바라는 건 끝이 없는 것 같다. 자신들이 어떻게 해도 내가 웃어주길 바라는 것 같다. 참 외롭다는 생각이 들었다. 해서 나는 오늘 내가 지을 수 있는 모든 표정을 휴가 보내고 두꺼운 마스크로 위장했다. 마스크 위에 입꼬리를 한껏 치켜올린 미소를 그려냈다. 다시 피곤해진다.

그만 넘어져 버렸다

⋮

　두 다리로 서 있을 수 있는 것으로도 감사하던 때에서 한 발씩 떼며 나아가다 보니 욕심이 생겨 뛰다가 **그만 넘어져 버렸다**. 금방 툭툭 털고 일어나야 하는데 주변에 손잡아 줄 사람부터 찾게 된다. 혼자 일어설 수 있음에도 지나가는 사람이 나를 불쌍히 여겨 부축해 주었으면 하는 의존심이 생긴다. 그래서 주저앉은 것도 모자라 더 불쌍한 척 처절한 자세로 그 자리에 아예 누워 버린다. 지나가던 이들이 신기해서 나를 툭툭 건드려 보거나 손을 잡아주는 듯하다가도 이득이 없다 싶으면 매몰차게 손을 뿌리치고 가 버린다. 그럼 난 아무개들이나 멀쩡한 하늘에다 대고 욕을 하고 침을 뱉고 중지를 치켜든다. 처음에 내가 왜 여기에 쓰러졌는지조차 잊어버리고 마치 누군가 일부러 넘어뜨린 것처럼 상황을 왜곡시키고 피해자처럼 행동한다. 그렇게 발광하고 악을 쓰다 힘이 다 빠져 버린다.

　후~ 하고 한숨을 뱉고 조금은 진정된 마음으로 하늘을 쳐다본다. 어두운 밤하늘에도 별은 떠 있고 달은 길을 따라 제 갈 길을 가고 있다. 발버둥 치며 누워 있던 몸을 일으켜 먼지를 툭툭 털고 일어나 다시 두 발로 선다. 한걸음 떼어 본다.

　나는 날마다 날마다 일어섰다 넘어졌다 반복하며 한 발씩 나아가고 있다. 나아가기는 하는지 의문이다. 나는 여전히 자랄 것이 남아 있고 잘해야 할 것도 남아 있다는 사실이 버겁다.

이 글을 이해하지 말도록

할 수 없는 이야기를 할 수 있게 만들려면 정말 소설을 잘 써야 한다. 이해가 안 가는 이야기를 이해하도록 만들려면 진실을 말하면 안 된다. 거짓말을 잘 하려면 진실만 말하면 된다. 말하고 싶지 않을 땐 계속 소리 내서 말하면 된다. 웃고 싶을 땐 너를 잊으면 되고 울고 싶을 땐 너를 떠올리면 된다. 가만히 있고 싶을 때는 계속 움직여라. 움직이면 지쳐서 가만히 누워 있게 된다.

이 글을 이해하지 말도록. 마음에 각인되는 글자 하나면 충분하다.

떠나보낸 이들에게

더 다가설 마음이 없는 두 사람
미워하는 게 아니야
"그동안 즐거웠다."
너를 잊기 위해 너를 떠올리게 되었다
볼 수 없을지도 모른다는 두려움
지금부터는 다 네 탓
우린 아마도 잊게 될 거야
당신은 아무것도 아니었다

더 다가설 마음이 없는 두 사람

⋮

아무 생각 없이 너를 만나도 부담이 없었는데 어느 순간 너를 만날 때 부담을 가지고 수십 번 생각하며 말을 골라야 한다. 익숙해서 좋았는데 익숙해서 함부로 구는 네가 이제는 익숙한 내가 슬프다. 내가 기쁠 때 너도 기쁜 줄 알았는데 알고 보니 내가 슬플 때 더 기뻐했더라. 너의 무심함이 성격이라 포장하지만 그 포장지를 이제 더는 풀고 싶지 않다. 그것도 이해 못하냐고 하는 네가 밉고 그런 줄 몰랐다고 시치미 떼는 네가 싫다. 축하해야 할 일에 침묵하고 축복해야 할 일에 쉽게 고개 돌려버리는 네게 이제는 실망도 시간 낭비다.

참 좋아했다. 그래서 이해한다고 생각했는데 오해하다가 이렇게 됐다. 작은 균열에 장난치는 사람들을 나보다 더 신뢰할 줄은 몰랐다. 그래서 결국 너를 마음 바깥으로 보냈다.

이유가 뭐든 너를 잃었다 생각하며 내 탓만 하고 있었다. 서로가 왜 그랬을까 생각해 보느라 시간을 보냈다. 그 사이에 침묵이 길어지고 시선은 차가워지고 말도 줄어들었으며 발걸음은 망설여졌다. 네 탓인지 내 탓인지 가늠하기 어려웠다. 한 치의 양보가 없는 너와 나다. 싫어한다는 사실조차 잊어야 할 만큼 싫어해야 하는데 표정 관리가 안 되고 자꾸 싫은 내색을 하게 되었다. 그러니 더욱 내가 패배자가 된 것 같다.

그렇다면 이제는 너를 잃었다는 생각을 달리 해 보기로 한다. 나보다 네가 소중하다고 여겼기에 너를 잃었다고 생각했다. 하지만 이제는 내가 더 소중해졌다. **더 다가설 마음이 없는 두 사람 중에 이제는 내가 중요해졌다.** 긴 생각의 종착지에 도착했다. 찾았다. 내가 거기에 있었다. 소중한 내 자신이.

미워하는 게 아니야

︙

그러지 말지 그랬어. 나를 믿어주지 그랬어. 믿는다면서도 다른 사람의 평가에 나를 의심하고 확인하러 오지 말지 그랬어. 너는 그렇게 생각하지 않는데 누군가 그래서 혹시나 하는 마음이 든다는 말을 하지 말지 그랬어. 너는 아무것도 몰랐다며 시치미 떼지 말지 그랬어. 아무것도 몰랐다면 알아도 계속 모른 체하지 그랬어. 네가 아는 진실이 진실인지 확인 좀 해보지 그랬어. 너 자신을 돌아보지 않을 거면 나를 돌려서 비수를 꽂지 말지 그랬어. 내게 희망을 잃는 사람이 되지 말지 그랬어. 너, 왜 그랬어.

내 앞에 너라는 그림자를 걷어내니 내가 누구인지 알겠더라. 우리가 빛이었을 때도 있었을 거야. 네가 꽃이었을 때도 있었을 거야. 나는 바람이었을 때도 있었겠지. 서로가 어둠일 거라는 생각은 못했었어.

한동안 앞이 보이지 않았어. 말소리가 나는 대로, 느낌대로 그저 앞으로 앞으로 나아갔어. 홀로 걷다 보니 걸을 만하더라. 앞만 보고 갔던 너를 나는 같은 곳을 바라본다고 좋아했었지. 내가 가고자 하는 길의 옆을 보고 있는 줄은 몰랐지. 앞을 향한 시선에서 눈동자의 움직임까지 알 방법은 없는 거거든.

이제는 너도 나도 서로를 걷어낸 채 가고 있어. 역시 너는 돌아보는 법 없이 갈 길을 가고 있고 나는 넘어졌어도 울지 않고 또 일어섰어. 너를 걷어내니 나는 막힘없이 갈 수 있는 사람이었단 걸 알았어.

미워하는 게 아니야. 우리는 본디 함께이지 않아도 되었을 사람들이었던 거야. 그걸 알게 된 거야.

그러니까 괜찮아. 나는 잠시 그동안 힘들었던 나에게 따뜻하고 포근한 공기를 선물할래.

"그동안 즐거웠다."

⋮

한 직장에 오래 있다 보니 새로운 사람을 만나고 익숙해지고 정들만 하면 떠나보내야 하는 일이 허다하다. 떠나는 사람이든 보내는 사람이든 헤어질 땐 언제라도 만날 수 있을 것처럼 해도 쉽지 않았다. 이직을 앞둔 동료가 자주 연락하자는 말에 난 **"그동안 즐거웠다."**는 말로 물러섰다. 농담인 듯 아닌 듯 했지만 다시 볼 일이 얼마나 있을까 싶은 건 오랜 경험에서 알게 된 거다.

유년 시절 전학을 스무 번 넘게 다녔던 나는 변하지 않는 것들에 대한 로망이 있었다. 그래서 한집에 오래 살아 보기, 동네 친구 사귀기, 매일 만나기, 한 직장 오래 다니기 등을 해 보고 싶었다. 이사를 가지 않고 한 직장 오래 다니는 건 내 스스로가 버티고 참아내면 되는 거였지만 친구를 사귀고 매일 만나고 하는 건 혼자 노력한다고 되는 건 아니었다. 어린 시절엔 내 의지가 아닌 채로 옮겨 다녔지만 어른이 된 후로는 타인이 싫으면 내가 어디든 버티고 있어도 떠나갔다.

머리가 다 커서 사귄 친구들과의 관계에는 채워지지 않는 것이 있었다. 일상의 대부분을 직장에서 보내는 나는 한번쯤은 친구처럼 지낼 사람을 만날지도 모른다 생각했다. 진심을 다하고 따뜻하게 대해 주면 나를 잊지 않을 거라 믿었다. 좋은 사람으로 기억되고 나만 그리워하며 살 거라는 순진하기 그지없는 생각들로 살던 때가 있었다. 내가 좋으면 나를 두고 가면 안 되는 거였고 언제든 내가 원하면 볼 수 있는 그런 사람이 있길 원했다. 그러나 그 소망은 당연히 무리였다. 가면 그만인 사람들이

"언젠가 또 봐요."라는 부질없는 약속을 하면 미련했던 난 진짜 기다렸다가 허무하게 끝나 버려 상처받은 게 한두 번이 아니었다. 사람들이 나빠서, 앞뒤가 다른 사람이었기에 그런 일이 생긴 건 아니었다. 그저 내가 타인에게는 기대가 너무 크고 집착이 큰 탓이었다. 좋은 사람으로 남기 위해 싫은 것도 좋다고 말하며 나를 기억해 주기를 바랐다. 그러나 현실은 동화나 드라마가 아니었다.

    그래서였을까. 정이 넘쳐 아무에게나 뭐라도 퍼 주던 내가 어느 순간부터는 마음만은 주지 않았다. 선을 긋고 늘 한 발자국 뒤로 물러나 상처받지 않을 만큼만 받아줬다. 그걸 또 기민하게 알아채는 사람들은 "다시 안 볼 사람처럼 왜 그러느냐, 너무 선 긋는 거 아니냐"라며 앙탈을 부리기도 한다. 그런 말에 혹해서 또 기다리면 어김없이 실망을 안긴다.

    오랜 직장 생활이 이제는 일이라기보단 생활의 일부이고 나는 두 집을 오가는 것처럼 살아가고 있다. 그 와중에 깨달은 건 사람에게서 힘을 받던 내가 이제 사람에게는 더 기대할 것이 없음을 알게 되었다. 어쩌면 내 에너지가 여기까지일지도 모르겠다. 힘의 균형을 맞추고 내가 두 발로 버텨 살기 위해서 선의 길이와 크기를 잘 가늠해야 한다.

너를 잊기 위해 너를 떠올리게 되었다

︙

너를 생각하지 않기로 했는데 **너를 잊기 위해 너를 떠올리게 되었다.** 너를 잊기 위한 핑계로 너를 떠올리는 일을 멈추면 나는 생각이라는 걸 할 수 없는 사람이 될 것이다.

아니다. 그만두겠다. 아무 생각 없는 게 어때서 그러는가. 세차게 도리질하며 너를 털어냈다.

너를 등지고 노을 속을 도망치듯 달렸다. 침묵은 때로는 수백 마디의 말보다 더 설득력이 있다. 말하지 않으면 모를 거라고 했지만, 말하지 않기에 지켜내는 것도 많다. 나를 잃지 않고 너를 잃을 일 없이 나는 오늘 노을 속을 달렸다. 괜찮으냐고 하는 묻는 말에 괜찮지 않다고 울먹이며 말해도 괜찮을 거라며 멋대로 희망을 주고 돌아섰다.

오늘 따라 어깨에, 목에 묵직한 담이 결렸다. 고개 돌려 너를 보기에 역부족이었다. 앞으로 내달릴 수밖에 없었다. 처음으로 아픈 내게 감사했다. 돌아보려 했다면 차마 보고 싶지 않은 광경을 마주했었을지도 모른다. 우는 너를 등지고 나는 노을 속을 달렸다.

볼 수 없을지도 모른다는 두려움

한번 어긋난 관계를 잇는 건 무척 어려운 일이라는 걸 알게 되는 요즘이다. 나이가 들수록 넉넉해질 줄만 알았던 마음은 나를 상처 주는 사람에게 더 빨리 문 닫는 법을 알게 했고 한번 닫으면 쉽게 열리지 않는 잠금장치를 더 견고하게 달게 된다는 걸 알게 했다.

닫기 전까지는 끊임없이 그 사람만을 생각한다. 한 번 더 참아 주고 두 번 더 웃어 주고 세 번 더 다가가고 네 번 더 울고 다섯 번 더 고마워한다. 그렇게 내 있는 힘껏 최선을 다한다. 그럼 더는 미련을 두지 않아야 하는데 뭔가 무섭다. 지금의 이 감정을 미련이라고 불리면 안 된다. 두려움이다. 어긋난 관계를 풀고자 미련을 두는 게 아니라 닫힌 마음으로 새롭게 사랑하고 좋아하고 믿을 만한 사람을 **볼 수 없을지도 모른다는 두려움** 때문에 걱정이 된다. 나는 그런 사람이 되고 싶지 않았다.

물론 모두에게 좋은 사람일 수는 없다. 하지만 적어도 내가 선택한 사람이 나를 힘들게 해서 결국 내가 먼저 놓게 되는 건 싫은 거다. 이 두려움은 어쩌면 인간관계에서 완벽함을 바라는 어이없는 마음에서 비롯된 것 같다. 완벽하길 바라는 마음의 평수는 한없이 쪼그라들기만 한다. 좁아터진 내 마음에서 빠져나오지도 못하고 이렇게 힘들어만 하고 있다.

서로에게 딱 한마디였으면 충분했을 그 시간이 난 여전히 그립고 원망스럽다.

지금부터는 다 네 탓

:

　마치 아무 일도 일어나지 않았던 것처럼, 단 한 번도 맺어지지 않았던 사이처럼 표정하나 변하지 않고 서로를 스친다. 닳아빠진 연의 끈은 끊어지든 말든 어쩜 왜 그리 되었는지 너도 나도 묻지 않는다.
　이럴 바에야 차라리 벽이라도 쳐다볼걸, 괜히 네게 눈길을 줬다. 차라리 꽃다발을 손에 쥘걸, 괜히 너를 잡고 있었다. 차라리 별을 보고 감탄할걸, 괜히 너를 빛내줬다. 차라리 풍선을 띄울걸, 괜히 너를 높여 줬다.
　실패한 관계에 미련을 두는 것은 역시 내가 어리석기 때문이다. 실패한 관계가 내 탓이라 생각하게 만드는 넌 역시, 참 나쁜 사람이다. **그러니 지금부터는 다 네 탓이다.**

우린 아마도 잊게 될 거야

⋮

 아이의 새로운 학교의 교복을 맞추러 가기 전에 카페에 들렀다. 기분이 어떤지, 친구들을 보지 못해 아쉬운 건 없는지 물어봤다. 기분은 덤덤하다며 친구들과 만나지 못해 서운하냐는 질문은 사양한단다. 그 인연은 실처럼 연결되어 있어 실의 두께가 얇다고 해도 끊어지지 않을 거라 믿으니 슬프지 않다고 했다.
 순수한 아이의 말에 문득 고등학교 때 L이 없으면 세상 끝날 것 같이 굴었던 내가 생각났다. 유난히 짙은 슬픈 눈을 가졌던 그 친구와 나는 참 잘 통했고 내가 줄 수 있는 만큼의 마음을 다 주기도 했다. 그런데 어느 날 그 친구는 여전히 슬픈 눈으로 웃으며 내게 말했다.
 "우린 아마도 잊게 될 거야. 그렇지만 그걸 슬퍼할 필요는 없어. 원래 그런 거야. 만나고 헤어지고 잊혀지고." 유난히 성숙했던 그 친구의 그 말에 나는 서운함을 느끼며 꽤 많이 울고 원망을 토해냈다. 얼마 후 집안 사정상 그 친구는 전학을 갔고 대부분의 친구들과 연락이 끊겼거나 스스로 끊었던 것 같다.
 세월이 지나 친구의 말대로 난 그 친구 없이도 지금껏 살아왔고 잊기도 했다. 어쩌면 그 친구의 말이 맞기도 했지만 모두가 다 맞는 건 아니었다.
 이 글을 쓰면서 나는 여전히 L을 떠올리고 있으니까.
 아이가 말한 얇은 실은 이어져 있고, 한 사람의 기억 속에라도 남아 있다면 슬퍼할 필요가 없는 것 같다.

당신은 아무것도 아니었다

떠난 자리를 살피러 오는 사람들이 있다. 자신이 없는 자리를 아쉬워하고 눈물지으며, 남은 사람들이 감히 자신을 보낸 걸 뼈아픈 후회를 하고 있을 거라 생각하고 비참한 모습을 상상하며 실컷 동정이나 날려 주려고 오는 사람들이 있다.

어차피 착각은 자유다. 당신이 없으니 속이 다 후련하다. 그때 잡는 척이라도 해준 건 온전히 떠나지 않은 사람은 '우리'에 속해 있어 함부로 단정 짓지 못해서였다. 또한 우리는 당신과 다르다는 걸 보여주고 싶어서였다. 이젠, 당신이 있는 그곳이 힘들지 않을까 도리어 걱정이다.

당신은 아무것도 아니었다. 견디는 사람들을 흔들어놓고 가면서 승리에 도취되었겠지만, 당신이 열고 간 문이 닫힌 순간 우리가 감사의 기도를 드린 걸 모를 것이다. 결국 떠난 자리에 미련을 버리지 못하고 기웃거리는 건 우리가 아니라 바로 당신이다.

참을 수 없어서 하는 말인데 말이야

착함과 바보는 동급
난감하네
결정적 순간에
뇌와 심장
상처는 폭풍같이 밀려들어도 위로는 사막의 오아시스 같은 것이다
의식의 흐름대로
미워하면 그러라지
타인의 시간을 도둑질하는 사람
나는 나
그래서 어쩌라고
먼지 같은 사람은 어디나 묻어가는 법이다
백 년이 지나도 어울리지 않는다
내 삶의 엑스트라들에게
말이 잘 통한다고 해서
심리적 거리감
과연 적당히 하면서 살 수는 있었을까?

착함과 바보는 동급

着한 일을 해도 로또 맞을 확률이 오르지는 않는 것 같다. 착한 일을 할수록 누군가들에겐 호구로 인식되고 좋은 먹잇감이 되는 것 같다. 착해져서 좋아지는 세상이라는 확신을 가지는 게 두렵기도 하다. 언제부터 **착함과 바보는 동급**으로 치부되었는지 모르겠다. 산타 할아버지께서는 이 사태에 대해 어찌 생각하시는지 궁금하다. 울면 선물 안 준다고 겁만 주지 마시고 자꾸 울리게 만드는 일들은 어떻게 해결해 주실 건지 궁금하다. 착함의 기준이 명확했으면 좋겠다.

난감하네

나를 오래 알던 사람도 아닌데 느닷없이 자신의 비밀을 털어놓는 사람들이 많다. 심지어 털어놓는 게 처음이라고 하는 경우도 많다. 보통은 어릴 때 받았던 상처, 학대, 가족사, 왕따 경험 등을 털어놓는다.

오해는 마시길. 내게 이런 이야기를 하는 사람들이 많으니 난 참 괜찮은 사람이에요, 라고 자랑하고 싶은 게 아니다. 실은 이런 이야기를 갑자기 훅 털어놓으면 겁이 난다. 내가 지금 이 사람 앞에서 어떤 표정을 지어야 하나, 이 이야기를 한 걸 후회하지는 않을까, 난 어떤 이야기를 해 줘야 하나, 듣기만 해도 되는 건가, 내 이야기도 해 줘야 하나. 오만 가지 생각이 나를 스치고 지나간다. 급기야 울기까지 하면 **난감하기 이를 데 없다.** 그리고 어느 타이밍에 이야기를 끝내야 할지 모르겠다. 어찌어찌 이야기를 끝낼 때쯤 "잘 들어줄 것 같아서 나도 모르게 그만…."이라며 이야기를 잘 들어준 내게 뭔가 보답하듯 말한다. 난 이런 경우가 가장 겁이 난다. 본인들이 털어놓고는 나중에 본인들이 어색해하며 뒤돌아서는 경우를 많이 겪었다. 이야기를 해 달라고 강요한 적도 없는데 이야기를 들어줬다는 것만으로 나를 항상 주시하고 혹여 말이 새어 나가지는 않을까 염려하다가 불안한 마음에 외면을 당하는 경험을 많이 했기 때문이다.

고백하자면 타인의 비밀을 담을 만큼의 그릇은 아니라고 말하고 싶다. 내 문제로도 차고 넘친다. 그런데 원치도 않은 비밀을 알게 해놓고 나중에는 그것에 대해 어디선가 이야기가 새어 나오면 나부터 돌아본다.

어쩌면 내게 털어놓은 것이 처음이었단 말을 믿는 건 순진한 일일 수도 있을 것 같다. 내 입은 매우 무겁지만 비밀을 털어놓은 자에게는 비밀번호가 공개된 자물쇠나 다름없이 보일지도 모른다. 이럴 땐 정말 억울하다.

그러니 '갑자기 가까이 오지 마시오. 천천히 나를 알아가시오. 진짜 이야기를 할 거면 타인에게 단 한 번도 털어놓은 적이 없는지부터 먼저 점검하고 오시오.'라는 팻말을 써 놓고 싶다.

결정적 순간에

뭔가 얻어낼 게 필요할 때만 찾는 사람에게 인정을 구하거나 기대를 가지지 말아야 한다. 내 가치가 떨어지면 언제든 옆에 보이는 쓰레기통에 내 사진을 구겨 넣어 버릴 사람과는 상종을 말아야 한다. 그런 사람은 내가 기쁜 일에는 침묵하고 내가 슬픈 일에는 관심이 없다. 내가 힘들 때는 손을 얹어 무게를 더하고 내가 행복할 때는 찬물을 끼얹는다. 자신이 바쁘면 쳐다보지도 않으나 내가 바쁘면 뭐 그리 바쁘냐고 여유를 가지란다. 중요한 일에 내가 없으면 안 될 것처럼 말하나 손 하나 까딱하지 않고 우아한 손짓만 하고 싶어서 내가 필요한 거다. 착각하지 말라.

이처럼 필요할 때 억지웃음 짓고 기대고 싶을 때 머리를 밀어내며 손을 뿌리치고 가는 사람을 잘 구별해야 한다. 어떻게 알아보냐고? 잠시 침묵을 지키면 된다. 당황해하며 눈치 보는 것도 잠깐, 걱정보다는 화를 내며 돌아서거나 금방 다른 곳으로 눈길을 돌려 화제 전환을 하는지 지켜보면 된다. **그 사람이 가장 필요로 하는 결정적 순간에 순진한 표정으로 아무것도 모르겠다고 말하고 끝내라.**

뇌와 심장

마지못해 하는 칭찬은 제발 하지 않았으면 좋겠다. 할 수 없이 하는 축하는 제발 하지 않았으면 좋겠다. 마음이 없는 말은 제발 그만했으면 좋겠다. 뼈를 때리는 말로 후려친 뒤에 뒤늦게 농담이었다고 제발 말하지 말길 바란다. 상대를 위한답시고 하는 말은 상대를 죽일 때가 더 많다는 걸 제발 깨달았으면 좋겠다.

우리 몸에는 뇌가 있다. 또 우리 몸에는 심장이 있다. 말을 입 밖으로 꺼낼 때는 그 두 기관을 한 번쯤은 거치고 꺼냈으면 좋겠다. 같은 말이라도 높낮이가 다르면 감정도 파도를 치게 되어있다. 같은 말이라도 쉼표를 쓸지 물음표를 쓸지 느낌표를 쓸지에 따라 위로가 되기도 하고 비난이 되기도 한다. 자신이 하는 이야기가 걸레로 쓰일지 담요로 쓰일지는 본인의 선택에 달렸다.

축하도 천박하게 하는 사람이 있다. 칭찬도 저질스럽게 하는 사람이 있다. 고운 단어를 휴지 조각 구기듯이 구기지 좀 말았으면 좋겠다. 그렇게 상처 입은 단어들은 가시가 돋아나서 누군가의 살을 베고 심장을 찔러 다시는 돌아오지 못하게 만든다. 혹시 그런 말을 듣는다면 제발 대응하지 말길 바란다. 웃지도 울지도 화내지도 놀라지도 말길 바란다. 그들은 아마도 지구인이 아닐지도 모른다. 자기네 별로 빨리 좀 가 줬으면 좋겠다.

상처는 폭풍같이 밀려들어도 위로는 사막의 오아시스 같은 것이다

⋮

몸은 컸고 나이는 먹었어도 마음 클 자리를 마련해 놓지 않아 좁디좁은 한 뼘 크기에서 상대를 이해하면서 버티고 헤쳐 나가려니 힘들어 죽겠다. 아픈 상처를 평생 드러내고 살 수는 없다. 하지만 난 다쳤고 아팠고 시간이 흘러 상처가 덮여도 따뜻하게 위로받지 못한 마음이 상처보다 더 커져서 생의 짐으로 남는다.

남은 속이 타들어 가는데 그저 어쩔 수 없다고만 말하면, 난 소멸할 것 같다. 건조한 답변보다는 말 없는 토닥임만으로 소생할 것 같은데 타인에 대한 기대는 실망을 먼저 낳는다. 모두 제 살기 바쁜 모양새다. 제 일이 아니면 립서비스 할 시간도 아까운가 보다. **상처는 폭풍같이 밀려들어도 위로는 사막의 오아시스 같은 것이다.** 메마른 땅 위를 힘겹게 걸어 신기루를 지나 어쩌다 만난 오아시스에서 잠시 영혼을 축이고 다음 위로를 찾으러 떠난다. 그렇게 찾은 위로에서 내 상처를 드러내게 된다. 건드려지고 터져 버린 상처는 잘 감싸야 하는데 건드려 놓기만 하고 알아서 주워 담으라고 한다. 그리고는 자신의 위로가 모자란다고 생각하는 건 열등의식으로 치부해 버린다. 그걸 탓하는 것도 비현실적이다.

남이 안아주던 내가 나를 끌어안던 내 상처 크기만큼의 위로는 그 어디에도 존재하지 않는다. 아무도 해줄 수 없다. 그래서 우린 어떻게든 할부로 위로를 끊는다. 좋은 글을 읽고, 좋은 그림을 보기도 하고, 좋은 음악을 듣는다, 좋은 영화를 보며 대사 한마디에 웃고 울기도 하고, 좋은 가사 한마디에 함박웃음 지으며, 맛있는 음식을 먹고 넉넉해지고, 편안한 장소에 가서 쉬기도 하고, 좋은 사람의 선량한 미소, 넓은 어깨 한 모퉁이, 내 옆에서의 잔잔한 숨결, 마주잡은 따뜻한 손 그런 것들로 내 비어 있고 뚫린 영혼을 하나씩 채워 나간다. 생의 끝에 이를 때까지 끝내 완성된 위로는 받지 못하겠지만 긴 여정에서 만난 것들에게 원망보다는 감사하는 마음이 들기를 바랄 뿐이다.

그리고 더는 아픈 티를 내지 않는 굳건한 내가 되도록 하자. 기대보다는 기대줄 어깨를 넓히자. 그리고 내가 바란 만큼의 마음으로 상대를 대해 주자. 타인에게 바라는 점을 내가 실천해 보도록 하자. 나의 성장에 타인의 감정을 끼워 넣지 말자. 그저 내가 커 버리자.

의식의 흐름대로

　사람들이 모여 뭔가 의논을 해야 할 자리에서는 자연스러운 분위기를 위해 형식에 구애받지 않고 자유롭게 말하는 것도 좋지만 어느 정도의 틀을 갖춰서 말하고 행동하는 게 훨씬 편한 것 같다. 그렇게 하면 어떤 것에 우선순위를 두고 집중을 해야 하는지, 무엇을 선택해야 하는지 보다 잘 알아차릴 수 있기 때문이다. 요샛말로 **의식의 흐름대로** 그저 흐르듯이 이야기 하면 잠깐은 재미있고 생기 있어 보이고 순발력 있는 것처럼 보일 수도 있지만 결국에는 기억에 남지도 않고 공감을 이끌어내기 힘들뿐더러 시간 낭비만 했다는 생각으로 괜스레 마음 한구석이 불편해질 수도 있다. 육하원칙을 따라 가다 불쑥 차오르는 재미있는 발상을 끼워 넣으면 센스가 돋보이겠지만 시도 때도 없이 남의 눈치 보지 않고 제멋에 심취해 말하다 보면 반드시 후회가 뒤따른다.

　한 번 뱉은 말을 주워 담기 어려운 건 누구나 아는 사실이다. 그 떨어진 말은 주워 담을 수 없을 뿐 아니라 이리저리 굴러다녀 먼지만 잔뜩 묻힌 채 허공을 떠돌다가 누군가를 오염시키거나 상처를 줄 수도 있다는 것도 알았으면 한다.

미워하면 그러라지

:

　결정을 해야 할 때 민주적인 방법을 쓴답시고 여러 사람들의 의견을 물어본다. 다수결의 원칙을 꼭 따를 필요는 없지만 다수의 의견을 취합해도 결국 원래 자기가 마음먹은 대로 행하고야 만다. 다수는 그 하나 때문에 없는 시간을 쪼개고 녹슨 머리를 굴려가며 마음에 들 때까지 이것저것 이야기 하지만 이미 그 한 사람은 자신의 좋은 아이디어를 따라오지 못하는 다수를 비웃을 준비를 마친 뒤다. 미리 자신이 생각해놓은 결론에 도달하지 못한 다수에게 측은한 눈길을 보내며 "잘 듣긴 했지만 아무래도 처음 생각한 내 방식이 나을 것 같다"고 한다. 좀 더 최악인 건 자신을 능가하는 아이디어가 나오면 나도 원래 그렇게 생각했다며 타인을 드높일 생각은 조금도 없다는 식으로 마무리 짓는다. 때문에 내 할 일도 바쁜 나는 더는 답하지 않길 결심한다. **미워하면 그러라지.**

타인의 시간을 도둑질하는 사람

 사람을 많이 대하는 편인 나는, 말을 할 듯 말 듯 머뭇거리고 간을 보는 사람과는 거리를 두는 편이다. 할 말이 있는 것처럼 분위기를 잡아놓고는 집중해서 들을 준비를 하고 있으면 김을 빼고 다른 이야기로 돌리는 사람이 있는데 그런 사람 옆에서는 단 1분도 내 시간을 허비하고 싶지 않다.

 말주변이 없거나 진짜 힘들어서 이야기를 못하는 사람을 말하는 게 아니다. 상습적으로 시답잖은 이야기 하나로 주목을 끌다가 결국 중요한 이야기는 없이 타인의 시간을 낭비하게 하는 사람에 대해서 이야기하고픈 거다.

 "오늘 시간 괜찮아?"라고 물으면 일단 시간을 만들어 보려고 노력했다. 하지만 목적이 분명치 않은 질문이기에 중요도를 가늠하기가 어려웠다. "왜?"라는 질문에 상대는 외려 입을 다물었다. 그럴 때 다소간의 밀당도 필요하지만 대부분은 뭐라도 할 이야기가 있다고 생각하는 편이었다. 아주 잠깐이긴 하지만 나름 내 일을 마무리하고 시간을 냈다. 어떤 이야기인지 궁금해하며 공감 주머니 하나 차고 갔다. 시간 좀 내달라고 하는 사람의 최근 상황에 대해서 뭔가 도움이 필요한 게 있었나 생각도 해봤다. 누군가 만나러 갈 때는 그런 준비를 하고 갔다. 찰나의 순간이겠지만 이 모든 건 에너지가 드는 일이다.

 그런데 상습적으로 **타인의 시간을 도둑질하는 사람**은 자주 쓰는 말이 있다.

"바쁘면 안 와도 되는데."

"중요한 건 아니고...."

"올 줄 몰랐어."

"생각해 보니 아무것도 아니야. 미안."

"다음에 이야기해도 되는데...."

"다 이야기할 수는 없고...."

뒷목을 몇 번이나 부여잡았다. 몸 안에서는 사리가 달그락 거리기도 하는 것 같았다. 나중에 알고 보면 정말 중요한 일도 아니었던 게 허다했다. 그렇다면 난 왜 이런 머저리 등신같은 상황에 지속적으로 마음을 썼던 걸까. 인간에 대한 배려를 내가 잘못 이해하고 있었던 것 같다. 내가 해줄 것과 아닌 것을 제대로 구별하지 못했던 나의 실수였다.

내가 부여잡고 있었던 잘못된 관계를 배려라는 끈으로 묶을 필요가 없는 것 같다. 선택은 내 몫이다. 나는 좋은 사람이기를 포기하고 나는 좋은 선택을 하는 사람이기를 희망하겠다. 더는 내 소중한 시간을 시간 도둑들에게 강탈당하지 않겠다고 다짐해 본다. U! Out!

나는 나

편하고 느긋하게 살아도 문제될 것 없고 남의 눈치 보지 말고 내 방식대로 살아도 괜찮다고 써놓은 책들이 많이 나온다. 자존감을 높이기 위해서 타인보다는 나에게 집중하며 살라고들 여러 책에서 이야기하고 있다. 그런 이야기들은 표면적으로는 개성대로 사는 것을 응원하는 것처럼 보인다. 몇몇 에피소드들은 관계 속에서 실수하고 창피당하고 자존감 낮아지는 경험담을 공개한 뒤에 '내가 무엇을 그리 잘못했나'라며 상처주는 사람들을 실컷 비난하는 등 속이 후련한 이야기들로 채워진다. 하지만 결론으로 갈수록 이런 이야기를 통해 스스로가 단단해지는 방법을 터득해 나가고 사람들과 조화를 이뤄나가는 것이 더 가치 있는 일임을 일깨워 준다.

그런데 이런 책을 잘못 해석하는 사람들이 있는 것 같다. 생각 없이 나오는 대로 그저 나만 옳다고 무리수를 두는 경우들을 자주 보게 된다. 자신에게 집중하고 살라는 말이 이기적으로 살라는 말이 아닐 텐데 점점 타인의 의견을 무시하기 시작한다. 남의 눈치 보지 말고 내가 하고 싶은 말을 하면서 살라는 건, 옳고 그름을 판단할 때 다른 사람의 의견에 단순히 동조하기보다는 주제에 대해 깊이 고민한 뒤 자기 의견을 분명히 이야기하라는 것인데, 정말 눈치 없이 '그저 나는 나야'라며 막지르는 사람이 있다. 그런 자들은 아무 근거도 없고 반대를 위한 반대만 하고 그걸 개성이라 생각하는 것 같고 대단한 자부심을 느끼는 것 같다.

뭐가 옳은지는 모르겠다. 한쪽 말만 들을 수는 없다. 제각각의 이유들이 있을 것이다. 하지만, 개성 운운하며 눈에 거슬리고 꼴 보기 싫게 나대는 사람들이 분명 있다. 그리고 마치 교양 있는 척 책에 있는 문장을 예시로 들기도 한다. 진짜 그 책에서 당신처럼 행동하라고 했는지 묻고 싶다.

그래서 어쩌라고

:::

　어쩔 땐 혼자 가라 하고, 어쩔 땐 둘이 더 낫다 하고, 어쩔 땐 아무도 믿지 말라 하고, 어쩔 땐 믿음 없이는 아무것도 못한다 하고, 어쩔 땐 다 버리라 하고, 어쩔 땐 채우라 하고, 누가 이렇게 하라 하면, 누군가는 저렇게 하라고 하고.
　그래서 어쩌라고.
　그러니 네 마음대로 하라고.
　그러니 내 마음대로 하겠다고.

먼지 같은 사람은 어디나 묻어가는 법이다

⋮

　타인의 노력에 대한 보상을 할 때 어디선가 불쑥 나타나 자신이 얼마나 기여를 했는지 세세하게 따지며 같이 묻어가려는 사람이 있다. 심지어 그런 걸 드러낼수록 가치가 떨어지는 줄도 모르고 아예 처음부터 자신의 아이디어였던 양 착각하며 신나게 떠들어 대기까지 한다. **먼지 같은 사람은 어디나 묻어가는 법이다.** 탁탁 털어 버리면 그만일 먼지 같은 존재들에게 너무 신경을 쓰고 살았다. 그러니 먼지 난다고 화낼 것도 없다. 아무라도 가벼이 처리를 할 것이다.

　먼지는 굳이 깨끗한 것으로 지우지도 않아도 된다. 걸레로 닦아 버리면 되는데 괜히 공들이고 돈 들여 향기 나는 물티슈로 지울 필요도 없다. 먼지의 특성답게 또 어디선가 나타나 끈덕지게 따라붙겠지만 결국 남겨두지 않고 쓸어내 버려질 것들이다.

　최선을 다해 최선을 다하지 않으려고 잔머리 쓰며 인생을 낭비하는 사람들이 있다. 한심하다고 말할 에너지도 아까워서 최선을 다해 그런 사람들과 멀어지려 애쓰는 중이다.

　최선을 다해 놓고도 더 할 것을 찾는 사람들이 있다. 없던 에너지도 뽑아내서 그들 옆에 다가가려고 애쓰는 중이다.

백 년이 지나도 어울리지 않는다

남이 힘들게 쌓아 올린 것을 가볍게 여기는 사람들이 있다. 그들은 과정보다는 결과물에 집착한다. 그 결과물을 내기 위해 어떤 동기를 가졌는지, 그간 어떤 노력을 기울였는지 관심도 없다. 그저 지금 완성된 것을 손에 쥐려는 욕심만 앞서서 영혼 없는 칭찬과 가벼운 박수로 환심을 사려 든다. 쉽게 손에 떨어지지 않는다는 생각이 들면 드디어 본성이 나온다. 심지어 윽박지르고 파괴하려 들기까지 한다. 때문에 손에 쥔 보물을 함부로 내비치는 일은 하지 말아야 한다. 그 보물을 소중하게 다루어 줄 수 있는 사람인지부터 알아봐야 한다. 그 결과물로 인해 자신에게 어떤 영향을 줄 것인지를 명확히 아는 사람에게만 내비쳐야 할 것이다. **돼지 목에 진주 목걸이는 백 년이 지나도 어울리지 않는다.** 속담은 곧 명언이다.

내 삶의 엑스트라들에게

⋮

　인생은 단 한 사람이라도 좋은 관계를 찾기 위해 사는 거라고 어딘가에서 읽거나 들은 것 같다. 헌데 그게 가능하긴 한 걸까. 목적과 필요에 의한 관계가 다듬어지고 보듬어지면 사랑이 피어난다는데 많은 이들은 필요한 것 이상으로는 더 에너지를 쓰거나 선을 허용하지 않으려한다. 그러나 다른 사람들의 에너지는 무한 리필되길 바란다.

　뭐가 그렇게 당연한지 모르겠다. 내내 밝게 비춰주다가 잠시 깜박이며 멈칫거리기만 해도 까다롭다거나 불친절하다고 뒤돌아선다. 또 내가 답을 얻으려 할 때 상대는 반응이 느리다. 알면 안다고 하고 모르면 모른다고 해도 될 일인데 반응이 없거나 내 질문을 재질문하는 건 뭐하자는 건지 모르겠다. 한참 반응도 없어 답답한 마음에 살짝 인상을 찡그리면 갑자기 고개를 숙이며 쩔쩔 매는 태도를 보이고 심지어 금방 내가 원했던 정답을 말한다. 그리고서는 다른 곳에 가서는 내가 엄한 사람이라 무섭다고 울어댄다. 사실 내가 정말 화가 나는 이유는 잘해 줄 때보다 이처럼 화낼 때 반응이 빨라진다는 거다.

　내 생각을 빌려갈 때는 이자도 없이 가져가다가도 내가 뭔가 필요할 때는 외려 그들의 고민이나 짐을 더해서 가져온다. 주는 만큼 받을 수 없다는 걸 알면서도 사람 욕심 많은 난 여전히 기대를 하고 있는 것 같다. 내가 하는 일이 가치 있다 생각하며 앞만 보고 가고는 있고 버티고는 있지만 한 번씩 휘몰아치는 감정의 폭풍우를 감당하기가 힘들다. 점점 깎이고 베이고 잘려 나가고 갈라지려 하는 내 마음은 이제 누굴 담거나 품을 수 있는 크기가 점점 좁아져 간다. 이러다가 부서지거나 깨져서 사멸할 것 같다. 차라리 다 던져 버리고 싶은데 그릇을 다시 빚어낼 시간도 용기도 없다.

  어떻게 살았기에 주변에 이런 사람들밖에 없는 건가 싶다가도 그건 내가 너무 오래 이 정글 속에서 홀로 살아남아 있기 때문이 아닐까 싶기도 하다. 생각해보면 내가 어떤 쓰임새로도 사용되길 바랐던 적이 있지 않았나. 쓰임새를 증명하기 위해 할 수 있는 만큼보다 조금 더 에너지를 쓰고자 했던 나 자신을 다시 정리해 보기로 한다. **내 삶의 엑스트라들에게 너무 감정 이입하지 않기로 한다.**

  나약해지고 좁아진 마음 그릇이 된 걸 인정하자. 허나 아직은 그 작은 찻잔에도 차 한 잔 따라 먹을 수 있는 여유는 있다는 게 다행이지 않나.

말이 잘 통한다고 해서

:

  말이 잘 통한다고 해서 마음이 잘 통하는 건 아닌데 그걸 같다고 착각하는 일이 많은 것 같다. 마음과 마음이 맞닿는다는 건, 말이 사라져도 눈빛만으로 상대를 이해할 수 있는 것이고 침묵이 불안하지 않으며 옅은 미소만으로도 온기를 느낄 수 있는 것이다. 그리고 그 상태를 오래 유지하는 것이다. 하지만 상대의 마음을 통과하는 시험에 합격하는 일은 드물다. 그런 척할 뿐이다. 좋은 사람이다 싶다가도 언제든 등 돌릴 수 있다. 하지만 실망하기엔 이르다. 기다려야 한다. 사람을 함부로 단정 짓지 말고 기다려야 한다. 쉽게 다가오면 쉽게 떠난다. 어렵게 다가오면 다가오기도 전에 지친다. 겨우 다가왔어도 내가 변할 수도 있다. 이처럼 한 사람의 웃음을 온전히 받아주고 마음자리를 깔아놓고 기다리는 일은 정말 힘든 일이다. 하지만 그럼에도 가치 있는 일임은 확실하다.

심리적 거리감

같이 앉아 있어도 나올 말이 없는 사람과 시간을 보내는 건 좀 지루하게 느껴진다. 수다스러운 사람을 좋아한다는 말이 아니다. 해야 할 말을 삼키고 눈동자를 굴리며 자꾸 이리 재고 저리 재며 시간을 끄는 사람과는 그리 오랜 시간을 보내고 싶지 않다. 인내를 가지고 기다려줘 봤자 그런 사람의 입에서 나오는 건 머릿속에서 한참 구른 매끈한 정답들뿐이다. 그런 이야기 말고 네 생각을 물었다고 말하고 싶지만 관둔다. 그 사람의 흔들리는 동공을 보면 이미 그 사람을 이해하고 싶은 마음이 사라지기 때문이다.

이런 심리적 거리감은 앉는 자리에서부터 티가 난다. 자유 의지이므로 앉는 자리를 탓할 수 없다는 걸 이용해서 나는 불편한 자리에서는, 눈에 띄지 않는 가장자리를 선호한다. 하지만 희한하게도 제발 다가오지 말길 바라는 사람일수록 악착같이 내 옆자리를 파고든다. 감정적으로나 물리적으로 심하게 싸운 건 아니라도 부담스럽고 불편한 사람이 있기 마련인데 그들은 굳이 다른 자리가 있어도 내 눈앞에서나 내 옆에서 얼쩡거린다. 의도했든 아니든 참 사람 괴롭게 하는 것도 다양하구나 싶고 약간의 피해 사고를 동반한다. 그럴 리 없다고 생각하고 사회적 웃음과 가면을 장착한 채 앉아 있는다. 그리고 다른 생각을 한다. 이럴 때는 내 잡념들이 도움이 된다. 오랜 사회생활 덕분에 눈치껏 적당한 시점에 장단을 맞춰 주면 더는 건드리지는 않기에 나는 내 잡념 속에서 한참 놀다가 나온다.

과연 적당히 하면서 살 수는 있었을까?

열심히만 하면 언젠가는 골병이 든다. 열심히만 하면 일만 늘어난다. 열심히만 하면 영혼 없는 웃음과 의미 없는 박수가 주어질 뿐이다. 완벽하지도 않은 삶을 열심히 살아내느라 잃는 게 더 많다는 걸 진작 알았더라면 **과연 적당히 하면서 살 수는 있었을까?** 열심히만 하면 언젠가는 알아줄 날이 오리라는 순진한 기대가 비웃음거리로 되돌아올 때, 차라리 생각 없이 살걸, 하는 부질없는 꿈을 꾸고 싶다.

그러나 텅 빈 머리나 굳어진 심장으로는 살아갈 이유가 없다. 열심히 해서 얻는 게 손가락질이라면 그 손가락을 부러뜨리면 된다. 옳지 않은 자들의 혀끝에 상처받지 않도록 입을 봉해 주면 된다. 뛰어넘자. 내로남불인 모든 일들에 대해 묻지도 말고 따지지도 말고 그저 뛰어넘자. 아무리 좋은 글을 읽어도, 아무리 좋은 것을 봐도, 아무리 좋은 것을 먹어도, 아무리 좋은 말을 들어도 변하는 척할 뿐, 다 자기 식대로 살 뿐이다. 살아 보니 그렇더라. 내 갈 길이나 가자. 뛰어넘자. 훌쩍. 열심히 하는 것밖에 모르는 사람들이 일궈낸 결과에서 고마움을 모르는 자들은 나중에 적당히 이뤄낸 것들로 인해 폭삭 가라앉을 것이다.

도망치지 말고 저항도 하지 말고 부딪히며 한 계단씩 올라가겠다. 원하는 장면을 얻기 위해서는 적극적으로 몸을 움직여야 한다. 몸을 움직이기 전에는 어느 방향으로 움직여야 할지 신중하게 고민해야 한다. 물론 계획대로 되지 않는 게 세상 이치이지만 그렇다고 미리 포기해서는 안 된다. 어떤 선택이든 후회는 남기 마련이다. 후회는 선택했기에 가질 수 있는 선물 같은 것이다.

좋은 사람 되기

내 다른 자아
나를 포기하는 게 더 쉬웠다
"너밖에 없어."
관계를 조립해 본다
나를 벗어난다
말 안 하면 하나도 모른다
혼자가 편하고 괜찮으냐고 물어본다
"그때 그렇게 해 볼걸."
들어주는 사람
사랑이었다는 걸
좋은 것을 가질 자격
자책은 금물이다

내 다른 자아

⋮

 아무리 좋은 향기도 가려진 상태에서는 맡을 수가 없다. 아무리 좋은 풍경도 어두운 상태에서는 제 색을 발휘하지 못한다. 나를 가린 채 나를 알아달라는 건 웃기는 일 같다. 스스로 드러내지 않고서는 빛나길 기대하는 건 방구석에서 우주로 가는 꿈만 꾸는 것과 다를 바가 없다.
 내 가치를 아직 온전히 찾지 못한 나는 **내 다른 자아**에 기대어 있다. 실제와 그리 크게 다르지 않은 자아라도 한 꺼풀 덧씌우면 좀 안심이 된다. 기대어 숨 쉴 곳 필요했던 내 영혼은 늘 그렇게 여기저기 찾아 헤매고 있다. 단단한 영혼으로 더 자랄 때까지 보호막을 걷기는 이른 것 같다. 용기가 더 필요하다.

나를 포기하는 게 더 쉬웠다

인간관계는 얼마든지 좋았다가 나빴다가 할 수 있다. 마냥 좋기만 바라고 마냥 나만 바라봐 주길 바라고 마냥 내 생각만 해 주길 바라고 마냥 내 편만 들어주길 바라는 관계는 오래가지 못한다. 이런 관계는 결국 한쪽이 의존적이 될 수밖에 없고 급기야 집착으로 변한다. 소유하지 않는 관계, 각자의 삶을 존중하고 이해하는 관계가 되도록 노력해야 한다. 그 밑바탕에는 신뢰가 장착되어야 한다.

나는 '내 사람'에 대한 집착이 제법 강한 편이다. 내 편을 만들기 위해 내가 강한 사람이 되는 게 아니라 상대에게 맞춰주며 비위를 거스르지 않기 위해 듣기 좋은 말만 하고 번거로운 일들을 군소리 없이 해 주기 바빴다. 버림받지 않기 위한 몸부림이었다. 결핍을 채우기 위해 나를 지키는 것보다 **나를 포기하는 게 더 쉬웠다**. 그러나 항상 겁이 났다. 마치 한쪽 다리로만 뛰어다니는 것처럼 위태로웠고 사람들은 나를 점점 더 신뢰하지 않게 되었다.

혼자서 설 수 없는 사람에게 무엇을 바라겠는가. 공감보다는 연민이나 동정을 했던 것 같고 나는 그런 것조차도 비운 공간을 메꾸는 약이라 생각했지만, 내 몸을 망치는 독소가 되고 말았다.

내 삶의 끝이 어디까지인지는 모르겠으나 이렇게 기대기만 하는 삶을 살 수는 없다는 생각이 문득 들었다. 나로서 서 있을 다리 하나를 만들어야 할 것 같다. 삶의 어디쯤에 서 있는지 모르겠지만 가야할 길이 더 남았다면 혼자라도 외롭지 않게 꿋꿋이 버틸 수 있는 다리를 만들어야 할 것 같다. 그렇게 우뚝 선 내가 안정이 되면 내게 기댈 사람들이 생길 것이고, 나는 그 무게에 무너지지 않고 잘 버틸 수 있는 강인한 사람이 돼 보려 한다.

"너밖에 없어."

:

　좋은 일을 하면 좋아질 줄 알았는데 괜히 기대만 쌓였다. 마음이 기쁜 건 잠시, 혹시 내가 이렇게 좋은 일을 한 것을 누군가 알아주지 않을까 하며 은근히 칭찬의 말을 기다렸고 보상을 바랐다. 어쩌다 얻어걸린 칭찬에 으쓱해지기도 했고 끝까지 몰라줄 때는 괜히 사람들을 비난하기도 했다. 이런 점에서 난 역시 마늘과 쑥이 더 필요한 동굴 속 짐승에 불과했던 것 같다.

　좋은 일을 할 때에는 '타인을 위해서'라는 오만함을 버려야한다. 내가 필요하다 생각하고 내가 옳다고 믿고 아무 것도 바라지 않는 진심만이 나를 성장시킬 수 있다. 그래야 타인을 사랑하고 도울 수 있다.

　누가 부탁하면 거절하지 못했던 일들, 자발적이기는 하나 사실은 누군가 봐 주길 원했던 일들에 대해서 조금씩 정돈해 보려고 한다. 안하던 짓 하면 좀 불편할 것 같다. 나는 아직도 다른 사람들에게 착한 사람으로 비춰지길 바라고 있다. 하지만 그럴수록 일거리를 던져주며 **"너밖에 없어."** 라며 쏙 빠지고 자신의 시간을 실컷 즐기다 뒤늦게 "수고했다"는 식상한 멘트로 내 시간을 일축하는 사람들이 많아지기만 할 뿐이었다. 그것만이라면 괜찮은데 더 최악인건 "아유, 뭐 하러 그렇게 열심히 하나? 적당히 살살해."라며 내 수고를 폄하하는 사람들도 많았다. 그런 사람들에게 굳이 내가 잘 보여야 할 필요도, 좋은 사람처럼 보여야 할 필요가 없었다는 걸 깨닫는다. 아니, 알고는 있었지만 착한 사람이 되는 걸 포기하지 못한 내가 더 문제였다.

살아가는 방식을 바꿔 보려 한다. 살아가는 방식이 바뀌면 주변이 변하고 변한 환경 속에서 다시 새로운 사람들을 만나게 될지도 모른다. 끝까지 내 옆에 남는 자들도 누구인지 알게 될 것 같다. 이처럼 새로운 마음가짐과 새로운 방식으로 삶에서 경험할 많은 것들에 대해 나는 기대하고 있다.

관계를 조립해 본다

⁞

마음이라는 걸 나에게 다 쓰지도 못하는데 상대에게 온전히 주는 게 가능한 일인가 싶다. 지금 와서 보니 온전히 마음을 주고 내 옆에 가까이 두고자 했던 밀착된 사람들보다는, 거리를 두고 볼 때 멀리서 그들의 좋은 점만 빛나 보이던 사람들과의 관계가 더 오래갔다. 이만큼 살아오고 이만큼 사회생활을 했으면 알아질 법도 한 일들인데 항상 새롭다.

오래토록 곁에 있으려면 마음을 반만 주는 게 낫다. 인간관계에서 자꾸 셈을 하다 보면, 한없이 나누기만 하다가 서운함은 곱해서 배가 되고 상대는 모자람만 강조하여 부담을 더한다. 변덕스러운 마음 안에서 여러 형태로 **관계를 조립해 본다.** 이렇게도 해 보고 저렇게도 해 보지만 고정된 관계로 정의될 수가 없다. 앞으로 살날이 얼마나 될지는 신만이 알 수 있겠지만 나는 이제 한 발자국 뒤로 물러나 멀리서 보는 관계 맺기를 연마해 보겠다.

나를 벗어난다

억울하고 화가 나고 죽도록 미워질 때 **나는 나를 벗어난다**. 내 시야에서 벗어나 하늘로 나를 띄운다. 나무 위로, 10층 아파트로, 60층 주상복합으로, 산으로, 하늘로 나를 띄워 올려 아래를 내려다본다. 까마득히 먼 지상에서 먼지만큼 작은이들이 보이지도 않는 조그만 머릿속으로 생각이라는 걸 하고 산다. 그래 봤자인데 참으로 치열하게 살아간다.

잠시 벗어난 곳에서 아래를 내려다보니 마음이라는 걸 쓸 일이 없다. 온전히 숨 쉬고 있는 내 모습만이 보인다. 차가운 공기가 폐 속을 돌아나간다. 뜨겁게 치솟았던 분노의 열기는 온데간데없이 사라지고 아래에서 바글거리는 사람들의 치열한 행위가 꽃잎 흔들리듯, 나비가 날아가듯 아름다워 보이고 점차 그리워질 때쯤 나는 점점 나의 옷을 입고 나로 돌아온다.

미워할 것도, 화낼 것도, 좋아할 것도, 사랑스러울 것도 없다. 그저 내가 하고 있는 작은 움직임이 새로울 뿐이고 신기할 뿐이다. 살아 움직이고 있다는 그 자체이다.

말 안 하면 하나도 모른다

떤 이들은 어려운 상황에서 응원을 요하는 자리에서 하기 쑥스럽다고, 하기 어렵다고 침묵해 버린다. 때로는 마음보다는 습관적으로 말해야 할 때가 있어 가식적이라고 생각해서 말을 아끼기도 한다. 그러나 좋은 말은 굳이 아낄 필요가 없고 잔머리를 굴릴 필요가 없다. 그저 표현해야 한다.

힘들어 보일 때 괜찮아질 거라고 말하기. 아플 때 나아질 거라 말하기. 나쁘게 보일 때 그렇게 하지 말라고 말하기. 괜찮을 때 좋아 보인다고 기쁘게 말하기. 사랑스러울 때 사랑한다고 말하기. 좋을 때 좋아한다고 말하기. 말 안 해도 다 알지 물었을 때 **말 안 하면 하나도 모른다**고 말하기.

좋은 말에 돌아오는 대가가 미약하더라도 실망하지 말아야겠다. 오래전에 쏜 빛이 우리의 눈에 반짝이는 별빛으로 돌아오듯이 훗날 내 좋은 말이 상대의 마음에 빛으로 다가가게 될 거다. 희망은 그렇게 퍼지고 사랑은 그렇게 이뤄지는 것이다. 나는 그렇게 믿고 싶다.

혼자가 편하고 괜찮으냐고 물어본다

⋮

한 뼘도 안 되는 마음자리에 큰 뜻을 새기고 사람을 품으려니 찢어지고 풀어지고 갈라져서 더는 못 해먹겠다 싶다. '내가 이런데 어쩌란 말이냐'라는 무책임한 말이 싫어 나를 돌아보고 비워지면 채우고 넘치면 덜어냈다. 그럼에도 한번 마음에 구멍이 나면 구멍 안에는 불신이 싹트고 미움이 자라나 가시 돋친 말이 걸러지지도 않고 마구 쏟아진다.

그러기 전에 서둘러 도망친다. 아무도 없는 곳에서 아무것도 보이지 않는 곳에서 아무 소리도 듣지 않고 철저하게 혼자 있어본다. **혼자가 편하고 괜찮으냐고 물어본다.** 아니라고 마음이 답한다. 되풀이되는 일상 속의 미움들은 어떻게 할 건지 물어본다. 혼자 있으면 미워지는 대상이 나일 테니 차라리 남을 미워하는 게 이득이라고 이기적으로 답한다. 그럼 도망치지 말고 계속 미워하면 되는데 왜 여기 있냐고 물어본다. 사실은 아무도 미워하고 싶지 않다고, 그저 웃으면 된다고, 아무 것도 아닌 일이라고, 그 또한 큰 세상 속의 일부라고 생각하면 되지 않을까 하고 갑자기 성인군자처럼 답한다. 갑자기 왜 그리 너그러워졌냐고 물어본다. 누굴 미워할 힘이 없기 때문이라고 답한다. 미움도 에너지인데 그런 에너지가 아깝고 나는 다른 할 일이 더 남았다는 생각이 들어서라고 답한다. 대단하든 아니든 난 내가 하고 싶은 일이 아직 많아서라고 답한다.

묻고 답하고 하다 보니 점점 구멍 난 마음에 자란 미움이 마르고 사라져 갔다. 나한테 무슨 일이 있었나 싶고…. 이제는 배가 고프다는 생각과 함께 따끈한 밥이 그리워진다. 기분이 풀렸다는 증거. 마음자리가 1cm 넓어졌다는 망상.

"그때 그렇게 해 볼걸."

:

  살까 말까 망설였던 탓에 남들이 더 예뻐지는 걸 구경만 했고, 갈까 말까 망설였던 탓에 남들 다 가 본 곳 이제 가느라 무릎이 아프고, 할까 말까 망설였던 탓에 기회는 나만 피해가고, 볼까 말까 망설였던 탓에 시야가 좁아져 우물 안 개구리가 되었고, 말할까 말까 망설였던 탓에 속은 까맣게 타들어 재가 되었다.

  후회를 할지언정 일단 나아가 보는 것이 옳은지는 그것 또한 해 봐야 아는 것이다. 남을 해치거나 남을 속이거나 남을 미워하는 일이 아니라면 느린 걸음이라도 걸어가 보는 게 맞다. 가다가 더 진전이 없으면 내 길이 아닌 거고 가면서 속도가 붙으면 신나게 달려가 도달하면 된다. 한계를 미리 지어놓고 **"그때 그렇게 해 볼걸."** 이라고 말하지 말자. 죽기 직전이라도 기회가 온다면 손끝 하나라도 거쳐 갈 수 있게 뻗어 보기로 한다.

들어주는 사람

　오랜만에 친구 셋이 모였다. 친구들은 서로 누군가의 등불이 되어 주기도 하고, 누군가의 위로가 되어 주기도 하고, 누군가의 안식처가 되어 주기도 했다. 시간이 지나도 그 역할은 크게 변함이 없다. 다만 각자의 이야기가 많아지다 보니 등불은 희미해지고 위로는 미뤄지고 안식처는 지나치게 되었다.

　언제부터인가 나는 그저 듣기만 하는 사람이 되어 버렸고 내 이야기는 허공을 맴돌다 사라져 갔다. 친구들이 변해서가 아니다. 바꿔 생각하면 나는 더 이상 큰 위로를 받을 일도 없고, 앞이 깜깜하지도 않은 사람이 된 것이다. 지금의 이 평온함과 평범함을 불행으로 포장하거나 부정적으로 물들일 필요가 없다.

　오랜 시간동안 내 이야기를 묵묵히 들어주던 친구들이 이제는 자기 이야기를 꺼내놓기 시작했다. 그들의 시간과 이야기를 내가 품어주고 가야 하는 날이 드디어 온 것 같다. **나는 드디어 들어주는 사람으로 살게 된 것이다.**

사랑이었다는 걸

▪
▪
▪

나를 지켜봐 줬던 사람들 덕분에 지금의 나는 이만큼의 좋은 생각을 하려 노력하는 사람이 되었다. 그리고 이젠 나 또한 누군가의 성장을 돕고 지켜보기도 한다.

누군가의 성장을 봐 준다는 건 꽤나 인내심이 필요한 일이다. 목구멍까지 차오르는 진실보다는 토닥여 주는 손길이 결국 좋은 사람을 만드는 길임을 안다. 결이 늘 같을 수는 없어 때로는 삐죽삐죽 못난 마음이 솟아오르면 지쳐서 주저앉아 버리고 될 대로 돼라 싶기도 하다. 그러나 지치면 안 된다는 생각에 두 다리에 힘주고 한걸음 더 앞에 서서 손을 잡아 주려 했다.

나란 사람이 거창하게 누굴 구하거나 가르칠 처지도 아니고, 누군가들은 도움을 청한 적 없다 치면 오지랖도 이런 오지랖이 없다 싶을 거다. 하지만 언젠가는 오지랖이 아닌 관심이었고 인내였고 **사랑이었다는 걸** 깨닫게 되길 바란다. 세상 속으로 나아가 한 번은 떠올리며 얼마나 큰 사랑을 받았는지 알게 되면 좋겠다.

좋은 사람들이 내 옆에서 줄어들고 내 그리움이 늘어갈 일이 왕왕 생긴다. 그게 나쁜 일이라는 건 아니고, 그만큼 함께 있던 사람들의 마음키가 커져 이제 다들 세상 밖으로 성큼성큼 나아가고 있다 여긴다는 거다. 오늘 내 좋은 사람들이 곁에서 멀어지고 헤어지는 게 아쉬워 눈물을 흘릴지언정 그들이 어디서건 누구에게든 좋은 사람으로 사랑받으며 살아갈 거라는 믿음이 있어 행복하다.

나 또한 내 성장을 위해 어딘가를, 누군가를 떠나왔다. 그러나 잊지 않았다. 그 가르침을, 그 가치를.

 그들도 어디선가 지금 이 시간들을 기억하고, 이 가치들을 기억하며 살아가게 될 것이다.

 언제까지고 함께하면 좋겠지만 새롭고 명확한 목표를 향해 나아가고자 하는 사람들을 막아설 이유가 없다. 항상 응원하겠다.

좋은 것을 가질 자격

:

싫어하는 것을 참는 것보다 좋아하는 걸 참는 게 더 어렵고 싫다. 하지만 어렵고 싫은 걸 또 잘 참아낸다. 심지어 좋은 건 남들에게 쉽게 양보한다. 어쩌면 나도 **좋은 것을 가질 자격**이 있는데, 좋은 것은 원래 내 것이 아닌 것처럼 굴며 멀리 멀리, 뒤로 한걸음 물러서 버린다.

조금 모자라고 조금 찢겨나간 것이 온전히 내 것 같다. 어쩌면 그런 것에는 남들이 관심도 가지지 않으니 뺏길 염려가 없어서일지도 모른다.

채운 것보다 비워진 것에 더 마음이 간다. 단단한 사람보다 어딘가 허전한 사람에게 눈길이 더 간다.

단순한 것보다는 진지한 것이 더 좋다. 마냥 웃는 것보다 표정 없는 사람이 더 궁금해진다. 이러니 사는 게 바빠질 수밖에 없는 것 같다. 힘은 들지만 부족한 만큼 채우기 위한 노력을 하게 되는 게 더 좋다. 난 온전하게 채워지면 쉽게 나태해지고 교만해질 것 같다. 그러니 부족함에서 출발하여 완전함으로 끝을 보는 길을 가는 걸 두려워하지 말기로 한다.

자책은 금물이다

 운동선수들이 나와서 열심히 축구를 하는 TV 예능 프로그램을 매주 보고 있다. 운동선수들은 감각을 잃지 않기 위해 어떤 일이 있어도 루틴을 지킨다고 한다. 그저 되는대로 살고 하루를 살더라도 편하고 행복하게 사는 것도 좋지만 열심히 사는 사람에게서 느껴지는 감동이 더 큰 것 같다. 운동선수들의 한계 없는 노력들에 감동받고 눈물 흘리며 나도 뭔가 시작하면 제대로 끝을 보리라 다짐하곤 했다. 물론 그 열기가 식는 데는 그리 오랜 시간이 걸리지 않는다.

 왜 나는 그들처럼 되지 않는 걸까? 절실하지 않아서? 의지박약해서? 시험이라도 쳐야 하나? 목표 의식이 없어서? 아니다. 열심히 하는 것의 기준이 다를 뿐이다. 무엇을 향해 달려 나가고 있는지만 알면 된다. 매일 용기가 용솟음치는 건 아니고 열정이 타오르는 건 아니지만 **자책은 금물이다**.

 점점 나이가 들어가고 기력은 쇠진하고 머리는 굳어져 가고 있는 지금, 편안함과 절제의 그 어디쯤에서 여전히 나는 선택의 문제를 겪고 있다. 굳이 고민할 것도 없이 그저 지금처럼 살아가도 누가 뭐라고 하지 않는데 내 마음 안에서는 날마다 방향을 잡아가느라 헤매고 있다. 하나의 목표를 세우면 되는데 욕심이 산처럼 쌓여 오히려 그 무엇에도 도달하지 못하고 있는 것 같다. 생각해 보면, 주저앉는 삶을 살아온 적 없다. 비록 메달권에 들지는 못하더라도 인생을 허투루 허비하지는 않았다고 자신한다. 열심히 사는 일에 어디 가서 꿀리는 나는 아니지만 닥치는 대로 열심히 살뿐

루틴이라고 내세울 만한 것이 없었다. 내가 하려는 게 무엇인지 정확히 알아내는 게 우선이고 목표를 정하면 고민은 짧게 하고 루틴을 지키며 꾸준히 실행할 수 있어야겠다.

선수들이 메달을 따면 한 번씩 나오는 힘들었던 시절 이야기가 나온다. 누가 궁금해나 하겠냐 싶은 내 이야기도 언젠가 뭐라도 성공한다면, 내 성공 스토리의 초반에 장식될지 누가 알겠는가. 나 역시 불우한 어린 시절을 극복하고 죽을 고비를 넘긴 두 번의 큰 수술과 틈틈이 몰아닥치는 파도 같은 시련이 나를 늘 시험에 들게 했고 이런 것을 누가 알아주지 않더라도 나는 여기까지 왔다.

한계를 극복해 나가는 선수들만큼 내 인생 경기에서 나는 계속 걷다 달리다 넘어지다 일어서다 하며 가고 있다. 똑바로 누워 있게 되는 그날까지는 계속 멈추지 않고 한계 없는 내 삶을 살아나가겠다.

따뜻한 세상을 향해 한 발 앞으로

사랑하고 또 사랑하며
지나쳐 가는 모든 것에는
나도 꽃을 피울 수 있는 사람이었다
좋은 일이 쌓여 가는 경험
가만히 들여다보자
당신 덕분입니다
함께 빛날 수 있는 곳이 있다면
사랑이란
똑똑. 마음 씨. 저 왔다 가요
선(善)을 더할 때
보다 더 사랑하려는 노력
잔잔한 바다인 줄 알았다면 그건 아마도 호수일걸

사랑하고 또 사랑하며

⋮

낮은 곳에서 조용하게 자라 있는 너를 높은 곳에서 내려다본다. 더디지만 성장을 멈추지 않을 것이고, 밋밋해도 쉽게 질리지 않으며, 온전한 빛깔을 내는 너라는 걸 알기에 결코 나는 낮추어 보지 않는다. 어서 크라고 재촉하는 어리석음을 범하지 않는다. 알아서 자라겠지 하고 매정하게 내버려 두지 않는다. **사랑하고 또 사랑하며** 너의 작은 변화에도 놀라고 감동 할 것이다. 밟혀보고 뭉개져 보고 깎여도 봤던 나의 오랜 다짐이다. 한 톨만 한 크기이나 꺼지지 않는 불씨 같은 자존심을 붙들고 나는 누구든 낮춰 보지 않는 높은 눈을 가질 것이다.

지나쳐 가는 모든 것에는

　퇴근길에 창문을 열고 자연 바람을 맞으며 달리다 빨간 신호등에 멈춰 섰다. 그리고 옆을 바라봤다. 두 가지 파란 하늘 풍경이 한꺼번에 내 눈에 들어왔고 초록 나무와 노란 은행잎에 물들인 듯한 자동차 색의 조화가 기가 막힌다는 느낌이 들었다.

　이렇게 **지나쳐 가는 모든 것에는 다채로운 아름다움이 배어 있다.** 밋밋한 삶도 자세히 들여다보고 천천히 가다 보면 꽤 의미 있는 것을 발견하기도 한다. 그러니 빨리 가려고 너무 애쓸 필요 없지 않을까.

나도 꽃을 피울 수 있는 사람이었다

⋮

사무실에서 키우던 화분에 꽃이 피었다. **나도 꽃을 피울 수 있는 사람이었다.** 이건 실로 놀라운 일이다. 나보다 오래 산다는 거북이도 하늘로 보내고 물 안 줘도 잘만 산다는 선인장이며 각종 다육이들을 메말라 죽게 한 장본인이 나다.

씨앗을 심고 햇볕을 쪼이고 물을 주는 일, 어렵지도 않은 일이지만 잠깐이라도 한눈팔면 금방 시들어 버리고 죽어 버린다. 빠른 결과를 위해 넘치도록 물을 줘서도 안 된다. 뭔가를 성장시킬 때에는 관심이 지나쳐도 안 되고 관심이 아예 없어도 안 되는 일인 것 같다. 치우침 없이 중간에 서 있는 일, 일관된 태도, 여유로운 마음가짐을 가져야 잎사귀를 틔우고 꽃을 피울 수 있다.

좋은 일이 쌓여 가는 경험

굳이 정하지 않아도 되는 규칙을 정해서 마음을 불편하게 하는 것들이 있다. 오가는 사람들이 서로 부딪히지 않고 질서를 지키라고 만든 몇 가지의 일들은 배려를 품으라고 가르치면 될 일이다. 그게 안 되는 사람들 때문이라고 탓하고 싶겠지만 너무 많고 복잡한 소소한 규칙들로 인해 잘못하고 살아갈까 봐 움츠리는 사람들도 있다.

못된 청개구리 심보가 발동하여 난 걸음을 멈추고 반대 방향으로 걷는다. 내 앞을 향해 걸어오는 사람들에게 몸을 돌려 자리를 비켜 주었다. 괜히 뿌듯했다. **좋은 일이 쌓여 가는 경험**을 하는 것 같다.

들어오지 마시오. 앉지 마시오. 그러지 마시오. 하지 마시오. 온통 경고다. 지뢰밭을 건너며 땅만 보고 발을 옮기다 보면 앞을 돌진해 오는 무언가에 도리어 당할지도 모른다. 하늘에서 떨어지는 뭔가에 깔릴지도 모른다.

'잘 보고 가면 좋은 일이 생길 거예요. 양보하면 행복해요. 배려하면 사랑스러워질 거예요.'라는 문구로 자존감 높이는 귀여운 알람으로 세상이 채워지면 좋겠다.

가만히 들여다보자

아무리 많은 모서리들을 보고 경험해 봐도 또 다른 모서리가 출현한다. 뾰족하고 날카롭게 찌를 것 같은 모서리들이 사방에 널렸다. 한번 세게 찔린 적이 있는 사람이라면 네모난 것들만 보더라도 식은땀이 날 것이다. 하지만 한 모서리만 보고 모든 것을 짐작하기엔 무리가 있다. 모서리 한 귀퉁이만으로 의심을 하기 시작하면 내 의심대로 모양이 맞춰져 가고 실제를 보게 되더라도 오히려 부정해 버린다. 세상이 나를 속이고 있다 생각하며 혼란에 빠지게 되는 것이다.

모서리가 있으면 잠시 멈추고 **가만히 들여다보자**. 그 모서리들도 세월에 깎이고 다정한 손길이 닿으면 무뎌져서 더는 찌를 수 없는 둥글둥글한 것으로 바뀔 수도 있다. 어쩌면 모서리의 일부는 반짝반짝 빛나는 다이아몬드의 한 부분이었을지도 모르지 않는가.

당신 덕분입니다

'당신 때문이야' 보다는 **'당신 덕분입니다'**라고 하세요. '사는 게 다 그렇지' 보다는 '사는 게 더 좋은 거지'라고 하세요. '누구나 다 그래' 보다는 '누구나 다 특별해'라고 하세요. '왜 그랬어'라고 묻기보다는 '나라면 어땠을까' 하고 생각해 보세요. '아뇨, 실은 이렇게 하세요, 저렇게 하세요'라는 말 따위 잊어도 돼요.

앞으로도 나아갈 수 없고 뒤로도 물러날 수 없을 때가 있어요. 뭐라도 해야 하는데, 누구의 말이라도 절실한데 아무것도 할 수 없고 아무도 없다고 느껴질 때가 있어요. 하지만 누가 있어도, 다 갖춰 놓아도 어쩌면 아무도 그 무엇도 도움이 되지는 않아요.

어제의 기억으로 힘들어하지 말기. 내일의 불안으로 깨어 있지 말기. 오늘 하루를 소중하게 여기고 좋은 생각하며 지내다가 잠들기. 그런 꿈꾸며 살아가기. 그저, 지금 이 순간은, 당신이 생각하는 게 옳습니다. 그래도 불안하다면 "거센 파도를 맞이해도 눈 하나 깜짝하지 않고 바로 볼 수 있는 당당함을 주세요. 온몸이 휘청거릴 바람을 맞이해도 피하지 않게 해주세요. 높은 곳 올라갈 힘없는 다리지만 포기하지 않는 인내심을 주세요. 내리 쬐는 뙤약볕에도 바람을 그리워하지 않는 강인함을 주세요. 쏟아지는 빗속에서도 웃을 수 있는 여유로움을 주세요. 그렇게 해 주세요. 아주 오랜만에 두 손을 모았으니, 외면하지 마시고 그렇게 해 주세요."라고 기도해 보는 건 어떨까요?

함께 빛날 수 있는 곳이 있다면

:

보기에 특이할 것 없는 것이라도 조명을 제대로 받으면 갑자기 세상에 없던 귀한 것이 된다. 화려한 조명이 나를 감싸 주면 특별해진다는 걸 일찌감치 깨우친 어느 가수는 그 가사가 시그니처가 되어 정말 조명을 받고 주목받으며 승승장구하여 잘 살고 있다.

조명 받는 것은 좋지만 빛의 방향과 빛의 색깔도 중요하다. 파랗고 빨간 빛이 잘못 쓰일 때를 상상해 보면 내 말이 이해가 될 것이다.

스스로 빛을 내는 반딧불이가 될 수 없다면 좋은 빛을 내는 곳을 찾아가야 한다. 나를 빛내는 것을 아까워하지 않는 누군가들이 있거나 내가 빛나는 것이 두렵지 않을 용기가 생기거나 주변에 있기만 해도 **함께 빛날 수 있는 곳이 있다면 언제든 떠나 보자.**

나도 이야기를 가득 담고 있는 장소를 하나씩 찾아내려 하고 있다. 한 발씩 옮기다 보면 상냥한 말투와 친절한 눈빛과 싱그러운 미소를 띤 사람들을 만나게 되고 또 굳이 언어로 말하지 않아도 그 공간만으로 채워지는 이야기들이 있다.

머리가 복잡해서 혼자 걷다가도 좋은 곳에 다다르면 함께 보고 싶은 누군가들을 떠올리게 된다. 외로운 삶을 살고 있지는 않구나, 내 마음에 사람들이 쌓여 있구나 싶어 갑자기 기분이 좋아진다.

사랑이란

　사랑이란, 출근하는 엄마에게 어젯밤 몰래 사둔 바닐라 우유를 현관 앞에서 건네주는 아들의 따뜻한 마음이다.

　사랑이란, 맞벌이 부부로써 아침을 차려 달라는 요구를 하지 않고 편의점에서 삼각 김밥 하나 사서 주머니에 쓱 집어넣고 차 안에서 우적우적 씹어 삼키는 남편의 다정한 마음이다.

　사랑이란, 이런 두 사람에 대한 고마움에 퇴근길에 좋아하는 떡볶이 재료를 한 아름 사들고 퇴근하는 여자의 행복한 마음이다.

똑똑. 마음 씨. 저 왔다 가요

⋮

   마음을 열고 닫는다는 건 미닫이문을 열고 여닫이문을 닫는 것과 다르다. 쉽게 열리는 마음 안에는 수천 개의 비밀의 방이 있다. 그러니 문 하나 열어 봤다고 무엇이 들어 있는지 다 안다고 하는 자의 말은 믿지 말도록. 정중히 노크부터 해야 한다. 인사부터 건네야 한다. 기다려 보기도 해야 한다. 때로는 돌아서 가야 할 때도 있다. 함부로 문을 걷어차거나 열려라 마음아 하고 주문 따위 걸어서는 안 된다.

   얼어붙은 마음, 녹슨 마음, 삐뚤어진 마음, 부서지고 깨진 마음, 잠긴 마음들은 각각의 열쇠로 열어야 한다. 그 마음 안에 들어가야 할 분명한 목적 없이 단순한 호기심으로 열게 된다면 마음은 사라지고 빈껍데기만 남을지도 모른다. 그러니 서두르지 말고 다정하게 말을 건네야 한다.

   똑똑. 마음 씨. 저 왔다 가요. 오늘이 아니더라도 좋아요. 언젠가 문틈 사이로 손을 내밀 때 내가 앞에 있을게요. 내가 손을 잡아 줄게요. 두려움 없이 나올 수 있도록 내가 좋은 마음으로 서 있을게요.

선(善)을 더할 때

어떤 일을 새롭게 시작할 때 필요한 건 사람, 시간, 장소, 돈, 창의력, 용기, 희망, 믿음이다. 시작한 걸 유지할 때 필요한 건 성실함, 인내심, 이해심, 배려, 지혜로움이다. 시작한 걸 끝낼 때 필요한 건 사진, USB, 좋은 결과가 있길 바라는 간절한 기도이다.

누구라도 할 수 있지만 아무도 하고 싶어 하지 않는 일을 내가 해내기 위해 필요한 건 용기가 아니다. 그저 나 자신이다. 그리고 또 다른 따뜻한 손이고 선(善) 이다. 누가 시켜서 하는 일보다 자유 의지를 가지고 하는 **일에 선(善)을 더할 때 희망이라는 보너스도 함께 따라온다.**

하지만 옳은 일이라고 생각하는 것이 모두에게 옳지는 않다. 같이 가려면 무엇을 향해 가는지 분명한 목표와 철학이 공유되어야 한다. 사람이 100명이 모이면 100명이 가지고 있는 생각의 깊이만큼 채우고 다지고 흔들림 없이 버틸 수 있도록 잡아줘야 한다. 열등감과 우월감의 사이에서 줄을 잘 세워주지 않으면 어느 쪽은 절벽 아래로 추락하고 어느 쪽은 멀리 날아가 버리게 될 것이다. 새로운 일을 하다 보면 머리를 쓰는 사람, 몸으로 때우는 사람, 불평만 늘어놓는 사람, 불안해하는 사람, 눈치만 보는 사람, 들입다 파고드는 사람, 말만 앞서는 사람, 치고 빠지는 사람, 아무 생각 없는 사람으로 나뉜다. 때문에 균형 있는 조직을 만들기 위해 계속 촉을 곤두세우고 고민해야 한다.

보다 더 사랑하려는 노력

　세상에 없는 걸 찾으면서 외로워 말고, 세상에 존재하는 것들을 **보다 더 사랑하려는 노력**을 기울인다면 조금 더 행복해지지 않을까.
　유니콘도, 기린도 세상에 없다. 보이는 것에 충실하자.

잔잔한 바다인 줄 알았다면 그건 아마도 호수일걸

:

바다는 내게 유희의 장소라기보다는 사색의 장소이다. 생각이 없어도 바다를 찾고, 생각이 너무 많아도 바다를 찾는다, 아니, 그랬었다. 부산. 바다와 가까운 곳에서 살다가 온 지 어언 20년이 지났다. 생각을 정리할 곳을 좀처럼 물색하지 못해서였는지, 너무 많은 것들을 짊어지고 살다 보니 마음자리가 점점 좁아지는 것 같았다. 바다 대신 선택한 곳은 호수였다. 처음에는 그 잔잔함에 마음이 놓이고, 내 삶도 저러했으면 하고 바라보기도 했다. 점점 '어른'으로 불릴 나이가 되어가면서 삶을 돌아보니, 나쁜 일은 밀물처럼 밀려오고 좋은 일은 썰물처럼 빠져나갔다. 그게 자연의 이치인지, 운명이 그런 것인지는 모르겠다. 밀물과 썰물에 치이는 삶보다는 차라리 아무 일도 일어나지 않게 해 달라고 손을 모아보기도 했지만, 그저 하늘 위만 비추고 있는 거울 같은 호수를 바라보다 보면 평온함도 잠시, 답답함이 느껴졌다. 바다를 대신할 수는 없는 거다. **잔잔한 바다인 줄 알았다면 그건 아마도 호수일 거다.** 바다는 출렁이며 나아간다. 그게 우리 삶일지도. 출렁이는 파도에 멀미가 나더라도 고꾸라지지 않도록 균형을 잡기 위한 노력을 들여야 살아 있음을 느낄 수 있는 것을….

거센 파도를 맞이해도 눈 하나 깜짝하지 않고 바로 볼 수 있는 당당함을 달라고 바다로 나아가기 전에 두 손을 모으고 기도를 해 본다. 바람과는 달리 삶의 바다는 호락호락하지 않다. 끊임없이 출렁이고 휘몰아친다. 돛단배 끄트머리에서 난간을 겨우 부여잡고 버텨 보지만 이내 멀미에 정신이 아득해질 지경이다. 깊이를 모르는 심연으로 빨려 들어가지 않으려 안간힘은 쓰는데, 이 고난의 파도는 언제 잦아질는지 알 길이 없다. 파도의 높낮이에 따라 생사를 오갈 정도로 심정이 곤두박질쳤다가 다시 비상하곤 한다. 차라리 빠져 버릴까도 생각했지만 포기는 이르다. 노를 젓고, 키를 돌리고, 돛을 올려 속도를 내 본다. 언젠가 다다를 그곳에 불평하고 조바심 내 봤자 힘만 들뿐이라고 스스로를 다독이며 가보지만 이 긴 항해의 끝은 낙원일지 지옥일지 아무것도 예측할 수는 없다.

구름 걷히고 파도가 잠잠해지고 졸음이 밀려올 만큼 바람이 불고 햇살이 비춰지는 어느 좋은 날에는 어쩌면 여기가 끝이 아닐까 싶어 이제 그만 멈춰 버리고 싶은 유혹에 휩싸인다. 하지만 유혹의 뿌리가 깊어지면 이곳이 바다인지, 호수인지도 모를 만큼 현실감을 잃어버리고 감정이든, 생각이든 메말라 버릴지도 모른다는 생각이 든다. 언제든 배를 들이받을 준비가 되어 있는 포식자들에 둘러싸여 배가 뒤집힐 수도 있다. 그러니 뒤늦게라도 다시 닻을 올리고 출발하기를 부끄러워해서는 안 된다.

먼 바다에서 길을 알려줄 누군가를 만나기는 드물고, 훼방꾼은 넘쳐난다. 힘들게 쌓아 올린 것을 노리고 과정보다 결과에 집착하며, 지금 완성된 것을 손에 쥐려는 욕심만 앞선 자들이 수두룩하다. 영혼 없는 칭찬과 가벼운 박수로 환심을 사는 자들은 온 모습을 드러내지 않고 포위망을 좁혀 들어오는 잠수함 같다고 할 수 있다. 그들은 어느 틈에 다가왔다가 필요할 때는 자취를 감춰 버릴지도 모른다. 또 아예 자비 없는 해적들에게 난도질을 당하거나 배를 빼앗기고 바다에 던져질지도 모른다. 그러니 정신 차리고 제대로 된 길을 가지 않으면 울렁거려서 토악질을 할지언정 낡은 배 한 척이나마 가지고 있는 때를 그리워하게 될 것이다.

그럼에도 고생해서 기껏 닿은 곳이 아무도 없는 무인도일지도 모른다.

외롭고, 허탈하지만 잘못 들어선 곳에서도 배울 점은 있다. 지친 관계 속의 소용돌이에서 벗어나 온전히 내 모습을 바라볼 수 있을 것이다. 삶의 바다 한가운데 아무것도 없고 아무도 없는 해변가에 앉아 먼 바다를 내다본다. 울기만 하고 포기할 것인지, 용감하게 무인도 안에 있는 나무라도 베어 뗏목을 만들고 살이 찢겨 나가도 다시 뛰어들 것인지 선택은 오로지 내게 달렸다. 내게 남은 사람이 없지만, 혼자 일어설 수 있는 두 다리와 힘차게 뛰고 있는 심장만으로도 충분하다.

지독한 외로움과 지독한 허기짐과 지독한 두려움을 이겨내고 빠져나오면 희망이 보인다. 바람이 방향을 잡아 주고, 별이 길을 터 주고, 태양이 온기를 부르고, 파도가 배를 밀어 주면 어느새 가고 싶었던 곳의 항구에 도달해 있는 나를 발견한다.

어제와 다를 것 없는 어느 날, 해변 모래사장 위에 앉아본다. 매일 뜨고 지는 해건만 사람들은 호들갑을 떨며 수평선 위로 떠오르는 해를 보기 위해 잠을 아껴 가며 해를 기다린다. 푸른 밤이 걷히고 달은 돌아갈 채비를 마치지 않았는데 성급한 해가 머리를 든다. 뜨는 태양을 보며 두 손을 모아 하루를 기원하고, 일 년을 기원하고, 지킬 수도 없는 수많은 소망과 다짐을 한다. 바다는 그 소원들을 다 품어낸다. 그리고 그 소원을 이루려면 다시 오라고 파도로 손짓을 한다. 난, 앉은 자리에서 일어나 모래를 툭툭 털고 웃는다.

스쳐가고, 스며들고

그녀가 길을 잘 건너는지 보고 싶었다
도서관 가는 길
그래 봤자 파랗고 눈부시겠지
충분했던 이 순간
행복은 별거 없다
아까운 밤을 그저 이렇게 쓴다
라면 물에 낭만이 붙을 수 있는 건
나로 사는 시간

그녀가 길을 잘 건너는지 보고 싶었다

⋮

추워서 퇴근길을 재촉하는데 어떤 여인이 내 옆을 스쳐지나갔다. 느리게 걷는데도 나보다 앞에 서 있었다. 동동 구르는 내 조급함과는 상관없이 나를 앞선 느린 걸음걸이의 여인은 세상의 모든 짐을 다 벗은 느낌으로 힘을 빼고 터덜터덜 걷고 있었다. 왜 그랬을까. 나는 그녀를 앞지를 수 없었다. 긴 파마머리는 아무렇게나 헝클어져 있었고 두툼한 카디건을 걸치고 두 손은 주머니에 넣어 시린 사연이 있는 사람처럼 보였다. 그런데 신발만큼은 그에 반해 튼튼하고 오래 걸어도 문제없어 보였고 그래서 그녀의 발걸음이 어디를 향하든 안심할 수 있겠다는 생각이 들었다.

생각에 잠긴 것이 아니라 그저 걷기 위해 길을 나선 것 같았다. 가방도 없고 물건 사러 가까운 가게로 가는 동네 주민 같아 보이지도 않았다.

집으로 가는 길목을 막아선 그녀가 원망스럽기보다는 그 뒤를 따라 이내 내 걸음도 그녀의 박자에 맞춰 느려졌다. 몸은 추웠고 교통 체증에 막혀 퇴근길이 늦어지겠지만 나는 그녀를 굳이 앞서고 싶지 않았다. 한 번도 뒤돌아보지 않고 그저 묵묵히 가고 있으나 뒤에 오는 나를 마치 보고 있는 듯, 앞지르지 않는 내게 비상 깜박이를 키고 가는 것 같았다.

네거리 신호등 앞. 그녀는 왼쪽으로 몸을 돌려 반대편으로 건널 준비를 했고 나는 곧장 직진할 수 있었는데 내 걸음도 멈췄다. **그녀가 길을 잘 건너는지 보고 싶었다.** 신호가 바뀌고 짧은 시간에 건너야 하는데도 그녀는 서두르지 않았다. 느리게 가지만 가야 할 길을 알고 가는 것이기에 어디에도 눈을 돌리지 않고 계속 걸어갔다. 건너편 보도블록에 발을

올리는 순간 난 작은 숨을 뱉었다.

　무사히.

　됐다.

　내 앞의 신호등도 녹색으로 바뀌었다. 난, 평소처럼 뛰었다.

도서관 가는 길

⋮

축제는 끝났고, 이제는 반짝이는 트리 장식이 민망해진 카페 한 귀퉁이에 앉아 차를 마셨다. 읽고자 했던 책도 어느 정도 읽었다. 오늘의 분량은 채웠다 싶어 처음보다 분주해지고 소란스러운 카페를 나왔다. 하루 읽을 분량을 채우긴 했지만, 평소보다는 책이 잘 읽혀 집으로 가던 발걸음을 다시 도서관으로 돌렸다.

도서관 가는 길, 고개를 들어 하늘을 봤다. 분명 계절은 겨울인데 하늘은 가을처럼 높고 푸르렀다. 무작정 하늘을 향해 셔터를 눌렀고 보정 없이도 아름다운 하늘은 제 모습을 온전히 내주었다. 칼바람과 오후 햇살이 공존하여 옷깃을 여며야할지 풀어야 할지 고민을 했다. 무선 이어폰에서는 자꾸 감성에 젖게 만드는 음악만 골라 나온 덕분에 추위에도 걸음은 느려졌다.

도서관에서 꽤나 아늑한 공간이 이 시간에도 남아 있는 건 역시 겨울 칼바람 때문일까. 맑은 하늘을 가진 겨울에 속지 않고 따뜻한 아랫목을 선택한 현명한 자들 덕분에 내가 원하는 자리에 앉아 책을 펴 들었다. 오늘 책 읽기 참 좋은 날이다.

그래 봤자 파랗고 눈부시겠지

⋮

  비 오길 기대하고 있었다. 먹구름이 낮게 깔리고 새들이 마치 당장이라도 바닥에 곤두박질칠 것처럼 내려와, 걱정했던 나를 비웃듯이 지나쳐간다. 거리를 온통 회색으로 물들여 놓고는 하늘은 짐짓 모른 척한다.
  출근길 일기 예보를 반만 믿은 탓인가, 빗방울은 아직 구름 속에 머물러 있고 적당한 타이밍을 찾고 있다. 울고 싶은 심정의 사람 어깨 위를 톡톡 건드려 시원하게 쏟아내게 해 줄까, 소리 내길 거부하고 침묵하는 자의 분노를 터트려 줄까, 쓰고 싶은 자의 휘갈긴 글씨를 적셔 줄까, 생각만 하다가 마는 나처럼 한참을 머뭇거리고 쏟아내지 못하고 있다. 묵직하고 두터운 층의 구름에 가려진 하늘은 그리 궁금하지 않다. **그래 봤자 파랗고 눈부시겠지.**
  온다고 했으나 오지 않는 비를 기다리는 일에 쓸데없이 기대만 높아진다.
  비를 핑계 삼아 뭐라고 하고 싶은데 비가 오지 않다는 걸 핑계 삼아 팔 베고 누워 나는 또 아무 생각을 하지 않는다. 생각 없는 삶이란 눈 뜨고 죽어있는 건데. 살고 싶다고 아무리 외쳐도 자꾸 생각이 떨어져 나간다. 눈은 뜨고 있다. 죽어 있으나 살고 싶다는 생각이 한 방울 톡 심장에 떨어졌다. 마음에도 비를 내려 싹을 틔웠다. 비를 기다리는 심정은 죽어가는 삶에 싹을 틔울 희망이었다. 그러니 비야, 쏟아져라.

충분했던 이 순간

:

　터벅터벅 무거운 발걸음으로 걷고 있었다. 연기처럼 사라져 버릴 것 같은 가벼운 영혼에 비해 내 몸은 세상의 무게를 짊어진 듯 했다. 걷고 있다는 생각도 들지 않을 만큼 나는 그대로 박혀 있는데 풍경이 나를 지나쳐갔다.
　방금 그친 비로 도로변에 고인 물웅덩이에 고양이 한 마리가 자신의 모습을 비춰보고 있다. 평소 주변을 어슬렁거리던 그 고양이인지는 알 수 없지만 맞다 하더라도 아는 척하기엔 민망한 사이지 않은가. 목적지가 정해진 발걸음이라 그냥 지나쳤지만 한 번 더 뒤돌아보게 하는 매력이 있었다. 다만 어느 고양이든 남의 시선을 의식하지 않는다. 도도한 생명체. 그 자존감의 원천이 뭔지 궁금해진다.
　내 시선에 아랑곳없이 물에 비친 자신의 얼굴을 바라보다가 고개 들어 앞을 보다 그랬다. 길을 건너고 싶은 건가. 모르겠다. 사진을 찍을까 하다가 그만두었다. 흔해 빠진 고양이. 나도 도도한 척해 본다.
　휙. 녀석이 지나갔다. 놀라지 않았다. 고양이가 담장 위로 껑충 뛰어오르는 모습을 봤다. 우아하게 비상하는 너는 참 멋졌다. 순간 주변을 둘러봤다. 아무도 없었다. 네 멋진 모습을 나만 봤다는 행복함이 밀려왔다. 너는 사뿐히 담장 위에 안착하고 위에서 나를 내려다보다가 여유로운 걸음걸이로 조용히 사라졌다. 너의 아래에 있던 나는 순간 부끄러워졌다. 네가 야옹하고 울기라도 했다면 수치스러웠을 텐데 그저 너는 나를 보기만 했다. 아니 네가 나를 봐주고 있다는 생각이 들었다. 수줍었던 걸까. 이런 생각을 하는 내가 미쳐가는 건가. 네 꼬리의 그림자 끝이 보일 무렵

난 갑자기 네가 보고 싶었다. 가지 말라고 말해도 소용없을 테지만 나는 속으로 부르고 또 너를 불렀다. 내가 붙잡을 수 있는 건 아무것도 없는데 오늘 너만큼은 놓치고 싶지 않았다. 목적지로 향하던 발걸음이 결국 네게로 향했다.

고양이. 그냥 널 찾아 무작정 다녔다. 걸었다. 억지로 들여다보려 하지 않았다. 우연히 마주치길 바랐다. 걷다가 다시 한번 우연히. 우연함에 설렜던 그 순간처럼 다시 설레고 싶었다. 무게가 달라졌다. 사라질 영혼은 무게가 느껴졌고 짙어진 세상의 고통은 가벼워졌다. 오로지 너만 바랐다. 너만 보고 싶었다. 너는 울지 않았다. 조금의 여지도 주지 않은 채 너는 그저 사라져 있었다. 울고 싶었다. 한 번만 더. 너를 본다고 없던 운이 생기거나 있던 고통이 사라질 리 없건만 그저 너를 봐야겠단 생각뿐이었다.

다시 발견한 너를 난 알아볼 수 있을까. 네가 아닌 다른 고양이를 발견하면 어쩌나. 기쁘지 않을 것 같았다. 고양이를 싫어하게 될 것 같았다. 다른 고양이는 생각만 해도 싫다. 너여야 한다. 그러나 나의 망각의 속도가 너의 모습을 지워가려한다. 절실하지 않아서인가. 나의 환상인가. 환상이긴 하지. 네가 뭐라고. 아니다. 어쩌면 오늘의 뮤즈는 너였고 나는 그 소중한 존재를 코앞에서 놓치고 땅을 치며 후회하고 있는 것이다. 내게 운이란 하늘의 달이다. 닿을 수 없는 것. 달빛도 타인의 손에나 닿는 것. 운은 언제나 타인의….

휙. 어? 어?! 어?! 내 다리를 스치고 지나간 건?

너는 쉽게 너를 보여 주지 않았다. 아까 지나쳐 왔던 나무 사이로, 주차된 차들 사이로 숨바꼭질하며 다리를, 귀를, 꼬리를 따로따로 보여주며 지나갔다. 심장이 터질 것 같았다. 설마, 그럴 리 없겠지? 그럴 리가…. 너일 리가. 나는 그런 행운이 비껴가는 사람인데, 너를 다시 볼 리가 없잖….

너다. 너구나. 너였어. 안녕.
반가운 인사는 곧 작별 인사로 이어졌지만 난 울지 않았다.
안녕히. 충분했던 이 순간을 언제까지나 그리워할 거야.

행복은 별거 없다

⋮

여행할 때, 드물지만 등산을 할 때가 있다. 높은 곳에 올라가고자 하는 마음을 먹기까지는 평지에서부터 넘어야 할 산이 많다. 귀찮음, 무관심, 지루함, 두려움, 허망함과 같은 감정 산을 넘고 넘어 천천히 느리게 걸어가다 정상에 섰을 때 응어리진 숨을 한꺼번에 토해 내 본다.

"후~."

산 정상에 서면 비로소 알 수 있게 되는 것 같다. 왜 여기까지 땀 흘리며 와야 했는지. 구구절절하게 설명하지 않아도 된다. 좁은 마음과 좀처럼 펴질 생각 없는 미간의 간격이 펴지면서 너그러운 마음이 저절로 생긴다. 귀를 기울여서 소리를 들어본다. 인간이 이해할 수 있는 언어가 아닌 대자연의 이야기로 인간의 언어보다 더 많은 이야기를 들려준다.

괜찮다고 한다. 뭐가 괜찮은지 모르지만 그렇다고 한다. 사랑한다고 한다. 그럴 가치가 있는지 따지지 않는다. 그저 사랑한다고 한다. 자연의 순수한 고백에 기쁨의 눈물이 흘렀다. 이제 내리막길을 걷더라도 그 고백을 기억하며 외롭지 않게 갈 수 있을 것 같다.

비 오는 도시도 천천히 걸어 본다. 우산을 두드리는 빗소리는 언제 들어도 좋다. 우산 바깥으로 손을 오목하게 내밀어 손바닥에 비를 담아 본다. 그러다 쫙 펴면 빗방울이 튕겨져 나가기도 한다. 별것 아닌 장난에 감성을 새긴다. 굳이 이 곳이 아니더라도 해 볼 수 있는 단순한 행동일지라도 나는 굳이 이 낯선 곳의 공기 때문에 더 좋다고 느껴진다.

낯선 여행지에서 찾는 **행복은 별거 없다.** 걷다가 쉴 곳 있으면 앉아보고 궁금하면 물어보고 보이는 건 그저 바라보고 들리는 게 있으면 귀 기울여 본다. 여행객에게는 설레는 풍경도 그곳에 사는 사람들에게는 지루한 일상의 한 부분일 테지만 겪어 보지 않은 것들, 가져보지 못한 것은 항상 설레고 좋아 보인다. 낯선 곳에서는 어떤 것이든 새롭게 보는 눈을 가지게 된다. 벽에도, 계단에도, 잡초 하나, 전신주, 하늘, 구름에도 온통 제목을 붙이고 이야기를 만드는 신기한 재주를 펼치게 된다. 최대한 감성 레이더를 세워 주변의 사소한 것들에 의미를 붙인다. 심지어 마치 나만 이런 걸 놓치지 않고 볼 수 있는 것처럼 굴기도 한다.

그래서 나는 여행이 좋다. 꽉 막혀 있는 머릿속, 굳어 버린 심장, 삐걱거리는 손마디, 얼어붙은 표정에 생기를 더해 줄 수 있는 여행이 좋다. 낯선 곳에서 내가 아닌 척 굴어 보면 좀 어떤가. 배우가 되지 못할 바에야 여행지에서 또 다른 내 모습으로 지내 보며 평상시에 생각하지 못했던 걸 생각하고 감동받고 즐거움을 찾는 것도 좋을 것 같다. 난, 오늘 참 행복하다.

아까운 밤을 그저 이렇게 쓴다

⋮

유난히 잠이 오지 않는 밤이 있다. 생각해 보면 딱히 유난스러울 것도 없다. 눕든 앉든 서든 새벽 2시가 다 되어 가는 이 시간에 등 붙이고 잘 때는 죽도록 피곤할 때뿐이니. 그래도 잠을 자야겠다는 생각으로 노력이라도 하는 게 대부분인데 이처럼 아예 잘 시도조차 않는 날이 있다. 불면의 밤을 잊을 만하면 쓰기는 하는데 별다른 내용도 없다. 사골 우리듯 불면에 대해 푹 고고 있는 중인데 점점 영양가를 잃어가는 멀건 국물만 나온다. 별에 대한 시를 짓거나 달에 대한 노래를 부르거나 은하수 같은 춤을 추거나 우주 같은 소설을 써 내면 좋으련만, **아까운 밤을 그저 이렇게 쓴다.**

한밤중에 일어나면 고요한 밤공기가 나를 차분하게 만들어 준다. 오늘은 비까지 내려 주신다. 창문을 열어도 빗방울이 들이치지 않을 만큼만 비가 온다. 빗소리가 좋다. 앞에 논두렁에서는 개구리와 풀벌레들이 크로스오버로 화음을 맞춘다. 잠이 없는 건 너희도 매한가지구나.

잠깐 환기를 시킨 후 싱크대 가득 찬 설거지 거리 앞에 선다. 귀에 이어폰을 꽂고 좋아하는 노래를 들으며 설거지를 한다. 요리보다는 설거지가 편하다. 특히 설거지는 스트레스 푸는데 제격이라 가족들에게 이것만큼은 양보하지 않는다. 얼마 전에 제로웨이스트숍에서 산 설거지용 비누를 이용해 수세미에 거품을 낸다. 꼭 빨랫비누로 설거지를 하는 기분이 들긴 한다. 거품은 잘 나는데 뭔가 뻑뻑한 느낌이 들어 어색하다.

어색한 거품이지만 적응하며 설거지를 마친다. 깔끔해진 싱크대를 보며 나를 칭찬한다. 그릇이 달그락거리는 소리에도 민감해하지 않고 잠을 잘 자는 가족들에게 고마움을 느낀다.

　냉장고를 열어 본다. 하루 동안 먹을 반찬을 담아 놓은 그릇이 얼마나 비워졌는지 살핀다. 오늘은 메추리알을 남겼군. 어묵은 당최 손을 대지 않는군. 비엔나 소시지통은 어느새 없어졌군. 김치는 적당히 있군. 된장찌개는 다시 한번 더 끓여 놔야겠군. 누가 듣는다고 중얼중얼 이야기하며 냉장고 문을 닫는다.

　두부조림과 참치 김치찌개를 후딱 만든다. 그러다 보니 잠이 스친다. 오, 신호가 왔다. 얼른 물을 끓여 놓고 자야겠다. 생수는 밍밍해서 못 마시겠다는 가족들을 위해 보리차를 끓이려고 주전자에 물을 붓고 끓인다. 주전자 옆에 비어 있는 냄비를 보니 이 밤중에 라면 생각이 간절해진다. 먹지 않아도 부른 배를 보며 참기로 한다. 먹는 만큼만 배가 불렀으면 좋겠는데 지방은 자꾸 이자를 더한다.

　물이 다 끓었다. 이제 자야지. 굿나잇.

라면 물에 낭만이 붙을 수 있는 건

:

끓는 **라면 물에 낭만이 붙을 수 있는 건** 이제 밥 먹는 걱정은 안 할 정도라는 것.

쏟아지는 빗줄기에 걷고 싶은 용기가 생기는 건 비 새지 않는 천장을 가진 집에서 산다는 것.

젖은 발이 두렵지 않다는 건 구멍 뚫리지 않은 신발 두어 켤레는 더 있다는 것.

배고픈 시절을 잘도 떠올리는 건 다시는 그렇게 살고 싶지 않아 몸부림칠 기운이 남아 있다는 것.

내일이 두렵지 않다는 건 오늘이 금요일 밤이거나 토요일이라는 것.

지금 우는 건 내일 웃을 일이 생길지도 모른다는 희망이 있는 것.

나로 사는 시간

⋮

산책을 하면 어느 순간 혼자 걷고 있을 때가 있다. 도심 속에 고요가 그리 오래가는 법은 없지만, 그 짧은 순간에 난 항상 내가 살아있는지 확인하고 싶어진다. 내가 걸어가고 있는 이 순간이 꿈속의 장면인지 궁금해지기도 한다.

가끔 엉뚱한 상상을 해 본다. 사람은 계속 태어나고 죽는데 가장 마음에 드는 삶만 기억하고 나머지는 그냥 흘려보내는 건 아닐까. 나는 이 생의 무엇이 강렬했기에 모든 순간이 떠오르고 다 간직하고 싶어지는 걸까. 버리고 싶은 것도 많았는데, 구질구질할 때도 있었는데 왜 잊지 못하고 지금 삶을 보고 있는 걸까. 기억나지 않는 또 다른 삶이 얼마나 비참했기에 지금이 가장 찬란하다고 기억되는 것일까.

감정에 취해 말도 안 되는 생각을 하다가 걷다 보면 어느새 나를 지나치고 가는 사람들이 나를 깨운다. 그 무리에 섞여 이런 환상의 시간은 곧 사라진다.

다시 조용히 걷는다. 이번에는 잡념들이 팔짱을 끼고 같이 걷자고 한다. 아무 말도 하지 않았다. 잡념들이 옆구리를 찔러 내 반응을 살핀다. 나는 그저 바람을 느끼며 걷는다. 몇몇 잡념들은 지친 것 같다.

나뭇잎들이 바람 흐르는 대로 화음을 맞춘다. 도로변 차들이 트아아앗, 수이익, 오오옹오.... 그어어오오오오 마아아앗, 프아아아, 투아아아아아, 프아아오소옷 하고 소리 지르고 사라진다. 당최 차 지나가는 소리를 표현할 글자를 모르겠다.

바람이 또 불어온다. 나는 천천히 걷는다…, 어라? 잡념은 어디에? 버스 정류소는 한참 전에 지났는데, 타고 갔나 보다. 말도 없이.
조용히 걷다가 나는 또 **나로 사는 시간**으로 돌아가기 위해 발걸음을 서두른다.

책을 덮는 그대에게

또 하나의 이야기를 시작했고, 오늘은 여기까지 썼을 뿐, 글을 끝냈다는 표현은 어울리지 않는 것 같습니다. 책 한 권으로 끝나지 않을 삶의 이야기들은 계속되고 있으니까요. 그래서 쓰고 또 씁니다.

글을 쓰면서 나를 들여다보았습니다. 소심하고 쉽게 상처받고, 억울해하고, 분노하지만 그대로 놔두고 절망하는 사람은 아니라는 걸 압니다. 아름다운 것을 보려 하고, 작은 것에 행복해하고, 희망을 가지고, 사람을 아끼고 나를 사랑하는 노력을 멈추지 않은 이야기들을 글에 담아냈습니다. 그래서 참 다행이다 싶어 살짝 미소 지었습니다. 글은 그런 효과가 있는 것 같습니다. 외면하지 않고 나를 드러내는 것, 설사 민망해지더라도 이 자체가 나라는 것을 알게 합니다. 부끄러움도, 자랑스러움도 제 몫입니다.

책을 쓰는 목적은 독자에게 잘 읽히는 것이기도 합니다. 진실에 몇 스푼의 양념을 쳐서 맛있게 읽히도록 해 보기도 했습니다. 사람들이 뉴스보다는 영화나 드라마에서 감화를 받고, 세상을 살아가는 방식을 배우기도 하고 자신을 객관적으로 바라보는 계기를 마련하듯, 약간의 대중성을 가미해 보고자 노력했고 독자 분들의 공감대를 이끌어내고자 노력했습니다. 그렇다고 없는 이야기를 만들었다는 말은 아닙니다.

이 책은 관계 속에서 어떻게 살아야만 한다거나 긍정적인 마음을 가지라고 강요하는 책이 아니며, 오랜 직장 생활을 하면서 살아남는 노하우를 알려주고자 쓴 책도 아닙니다. 그런 걸 알았다면 저는 아마도 글을 쓰지 않았을지도 모르겠습니다.

말이라는 것, 글이라는 것은 어떤 사람이 읽고 받아들이느냐에 따라 독이 되고 약이 됩니다. 설사 누군가에 의한 아픔이 크더라도, 상대방을 무작정 비난하고 싶었던 마음을 다스리며 글을 썼습니다. 타인에게 독이 되는 글은 가급적 피하려고 했습니다.

저의 다음 이야기는 또 어떨지 모르겠습니다. 시도, 소설도 써 보고 싶습니다. 그러나 지금 바라는 건 오직.

여러분의 삶의 충분했던 순간 중 한 부분에 저의 책이 머무르게 되길 바랍니다.

책을 덮는 이 순간, 충분했나요?